O Terceiro Olho

Coleção Estudos
Dirigida por J. Guinsburg

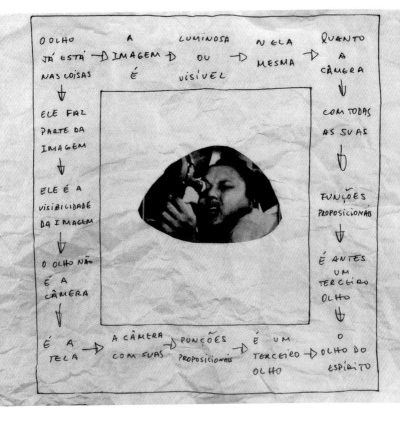

Equipe de realização – Revisão: Cristina Ayumi Futida; Diagramação e sobrecapa: Sergio Kon; Imagem da capa e foto-ilustrações do miolo: Francisco Elinaldo Teixeira; Produção: Ricardo W. Neves, Heda Maria Lopes e Raquel Fernandes Abranches.

Francisco Elinaldo Teixeira

O TERCEIRO OLHO

ENSAIOS DE CINEMA E VÍDEO
(MÁRIO PEIXOTO, GLAUBER ROCHA E JÚLIO BRESSANE)

Dados Internacionais de Catalogação na Publicação (CIP)
(Câmara Brasileira do Livro, SP, Brasil)

Teixeira, Francisco Elinaldo
O terceiro olho : ensaios de cinema e vídeo : (Mário Peixoto, Glauber Rocha e Júlio Bressane) / Francisco Elinaldo Teixeira. -- São Paulo : Perspectiva : FAPESP : 2003.

Bibliografia.
ISBN 85-273-0680-8 (Perspectiva)

1. Bressane, Júlio - Crítica e interpretação 2. Cinema - Brasil - Filmografia 3. Cinema - Brasil - História 4. Peixoto, Mário, 1911-1991 - Crítica e interpretação 5. Rocha, Glauber, 1939-1981 - Crítica e interpretação I. Título.

03-6134 CDD-791.430981

Índices para catálogo sistemático:
1. Cinema brasileiro : História e crítica 791.430981

Direitos reservados à
EDITORA PERSPECTIVA S.A.
Av. Brigadeiro Luís Antônio, 3025
01401-000 – São Paulo – SP – Brasil
Telefax: (0--11) 3885-8388
www.editoraperspectiva.com.br
2003

Agradecimentos

À Renata Udler Cromberg, pela paciência, compreensão e apoio logístico em mais um percurso intelectual, com amor e paixão.

À Julia Cromberg Teixeira, filha muito querida, cujo bom humor e alegria contagiantes sempre me repõem diante do que importa para a vida.

À Fapesp – Fundação de Amparo à Pesquisa do Estado de São Paulo, pela concessão da bolsa de pós-doutorado que viabilizou, junto ao Programa de Estudos Pós-Graduados em Comunicação e Semiótica da PUC-SP, a pesquisa da qual resultou este livro.

Sumário

"Nascemorrenasce" o Cinema Brasileiro XI

PARTE I: REBRILHO DO TEMPO INTANGÍVEL
(*Limite* e o Cinema da Lepra de Mário Peixoto)

1. Entre a "Visão de Paris" e o "Sítio do Morcego":
   O Devir-Cineasta de Mário Peixoto 3
   De ambos os lados da câmera 6
   O efeito-Limite 10
   O homem do morcego 15

2. *Limite* e o Cinema da Lepra (Não é Água, é Fogo; não é
   Fogo, é Vermelho; não é Vermelho, é Luz; não é Luz, é Tempo) 19
   Entre dois modos de ser 20
   Vênus de Milo não-reconciliada 25
   O barco como último destino, o tempo intangível 37

3. Limites do Visual: Naturezas-Mortas e Espaços Vazios em
   Limite 41

4. Fac-símile das "cenas faltantes" de *Limite* 51

PARTE II: DO MITO À FABULAÇÃO: A TERRA E SUAS IDADES

1. Mitos Glauberianos do Brasil ou Deleuze Leitor de Glauber . . . 57
   *O cinema político clássico visto sob o recuo do cinema
   político moderno* 58

O cinema político de Glauber: três nós de tendências 62
Agitação, transe, crise 65
Uma analítica deleuzeana do "Terceiro Mundo" 67

2. Dos Transes às Arqueogenealogias: A Terra e suas Idades .. 75
   O não-lugar de todos os lugares 76
   Um anabatismo secularizado 80
   O ato de fabulação 88
   E no entanto... Um anabatismo secularizado como um neopositivismo? 90

PARTE III: TRANSFILMAR É CRIAR NO VAZIO
(Júlio Bressane em Videogaláxias)

1. Da Impossível Tradução à Operação no Vazio do Texto 95
2. Um Olho Metódico ou o Roteiro em Ato 107
   Júlio Bressane nas galáxias... 111
   Videofricção das imagens (Galáxia Albina) 113
   Logística da criação (Infernalário: Logodédalo-Galáxia Dark) 122

PARTE IV: DA VISIBILIDADE À LEGIBILIDADE DA IMAGEM

1. A Câmera é o Olho do Espírito 131
2. Três Cineastas (Trans)formadores 147
   Limite 149
   A Idade da Terra 151
   Galáxia Albina *e* Galáxia Dark 153

BIBLIOGRAFIA 157

"Nascemorrenasce" o Cinema Brasileiro

O cinema brasileiro atravessou a última década reiterando um padrão de ânimo recorrente ao longo de sua história: a alternância entre um estado de melancolia com outro de euforia e, não poucas vezes, de simultaneidade de ambos. Se na primeira metade pôde-se observar um salve-se quem puder característico do existir tomado pela hora da morte, de 1995 em diante o anúncio de um renascimento foi a tônica, exaustivamente reproduzido na cultura. Com a entrada do ano 2000, a sensação que se tem é a de que os ânimos começam a se reacomodar, cedendo então aos estados mistos.

Reportada ao momento anterior, de completa escassez, a retomada eufórica da produção não deixou de se contaminar e pautar por um programa minimalista para o cinema. Até hoje, a simples conclusão de um filme torna-se motivo de júbilo e comemoração, vitória sobre condições as mais adversas de criação. Concorrer num mercado dominado por Hollywood, então, produz a sensação antecipada de premiação. Vide as seguidas indicações de filmes brasileiros ao Oscar (*O Quatrilho* [1996], *O Que é Isso Companheiro?* [1998], *Central do Brasil* [1999]), oportunidade em que se repete o mesmo bordão de que estar entre os cinco concorrentes já é lucro, enorme visibilidade e capitalização para um cinema que se imaginava fora de campo.

Há, em relação a isso, uma estranha "oscarização" do pensamento (ou da falta dele) cinematográfico local, posta em curso e reforçada a cada filme selecionado. Se antes o prestígio e qualidade artística eram capitaneados por festivais como os de Veneza, Berlim, Cannes, o horizonte atual é o do Olimpo hollywoodiano. Horizonte irresistível e inelutável, ao ponto de se lançar as correspondências mais inesperadas em meio aos jogos de linguagem e precipitar todo nivelamento. É que no delírio carnavalesco das expectativas e comemorações que por aqui se dão, nessas ocasiões, não se hesita em tentativas de fazer crer que, embora tardiamente, é toda uma genealogia cinemanovista que, finalmente, "chega lá"! Isto aconteceu com os filmes da linhagem dos Barreto, com o filme de Walter Salles e, ainda há pouco, com o filme de Carlos Diegues, *Orfeu*. Em artigo de ocasião, junto com uma entrevista com o cineasta, sobre a possibilidade de indicação de seu filme (que acabou não acontecendo), Gerald Thomas, após ressaltar ser "evidente que não dou importância qualitativa ao Oscar", conclui: "Ficamos com os olhos inundados e, naquele momento, percebi que *Orfeu* representa muito mais que um belíssimo filme – e que premiá-lo significaria abraçar e beijar o próprio Glauber e todo esse magnífico legado que lida com a identidade artística mais autêntica que esse país já produziu"[1].

Esse tem sido um pouco o tom dos novos tempos: uma referência quase exclusiva e intransponível ao Cinema Novo, aliada às reacomodações que o põe em correspondência com o grande sistema produtivo hollywoodiano. Ironia para alguns, ainda guardando na memória uma incompatível ontologia "anti-imperialista" amplamente difundida pelo Cinema Novo, para outros, toda essa diluição é extensiva da vontade industrialista pela qual tanto se bateu e debateu aquele cinema.

O que chamo de programa minimalista, portanto, é esse horizonte de um propalado renascimento do cinema que torna a se pautar na configuração de uma falta, repassando a mesma questão de décadas: ser ou não ser industrial, criar ou não um sistema produtivo à altura de um modelo, de um cânone, cuja universalidade foi sempre incômoda. Nesse sentido, as expectativas de mera finalização de um filme e a de que ele seja "oscarizável", por mais distintas que sejam, convergem para um mesmo nó problemático. Trata-se disso que Deleuze, comentando o filme de Wim Wenders, *O Estado das Coisas* (1982), nomeia de "conspiração do dinheiro".

Quem não se habituou, no cenário local, com essa figura do cineasta-pedinte, lamuriante figura a juntar todos os tostões a cada prospecção de terreno para uma nova produção? Quem não se lembra de um momento da cinematografia nacional, resultando na extensa filmografia cinemanovista, em que se convertia a indigência econômica numa base para a criação? Em que o cineasta-nômade, irrequieto e experimentador, produzia necessariamente com aquilo de que dispunha, no limite, com "uma idéia na cabeça e uma câmera na mão"? Criou-se a Embrafilme, nos anos de 1970, com o propósito de se estabelecer condições mais

---

1. Gerald Thomas, "Orfeu e Diegues Merecem Homenagem Hoje", *Folha de São Paulo*, 15.02.2000.

seguras, acreditava-se, para uma sustentação desse cinema "artesanal" em "bases industriais". Com o seu desmoronamento, em 1990, abriu-se um tal fosso como se ela tivesse estado ali desde a aurora do cinema nacional. A curta e relativa estabilidade que ela havia propiciado, em meio ao fogo cruzado das disputas de suas parcas verbas e de políticas salvadoras concorrentes, revertia-se então na orfandade de uma miríade de cineastas para quem a "morte do cinema" jamais deixara de ameaçar com o seu espectro.

O que raramente se conseguiu dar conta, o que dificilmente se pôde realizar, foi a integração deste estado local numa economia global do cinema. Ou seja, que essa "dura lei do cinema", como diz Deleuze, esse "complô permanente" que subjaz à mobilização de verbas, é ele próprio estruturante do "cinema como arte". A base de sua consistência enquanto "arte industrial" não sendo a sua "reprodução mecânica", mas "a relação que se interiorizou com o dinheiro". Nesse sentido, conclui Deleuze, para "um minuto de imagem que custa um dia de trabalho coletivo, a única resposta, ou contestação, é a de Fellini: 'quando não houver mais dinheiro, o filme estará terminado'"[2]. A resposta de Fellini foi dada quando lhe perguntaram sobre o que determinava a conclusão de um filme.

A situação que por aqui se experimentou, com uma intensidade particular na primeira metade dos anos 1990, foi de uma contundência bem menos afirmativa se comparada com esse parâmetro felliniano: a de que, quando não houver mais investimento estatal, o cinema estará morto! A cena muda com a retomada da produção, a princípio nadando na contracorrente de uma desilusão com o poder público, para logo em seguida recompôr-se com ele. Um procedimento novo que vem à tona, cuja implementação vem servindo à revisão de um quadro de expectativas há muito cristalizado no cinema, é o da criação de condições de possibilidade visando fomentar as "parcerias" na produção artística. O Estado, desse modo, fornece o instrumental político-jurídico-fiscal, com a contrapartida financeira do empresariado, realizada sob a forma de amortização dos investimentos nas deduções do imposto de renda. Por bem ou mal, força-se toda uma reciclagem dessa relação filme-dinheiro, no mínimo colocando produtor e cineasta num estado de prontidão mais eficaz diante desse fator limitante, dessa dura lei do cinema: que um filme acaba quando não há mais dinheiro. A proposta de realização de filmes de baixo orçamento, para além de conformismo terceiro-mundista e comprometimento de qualidade artística, é das poucas que se atêm a princípio de realidade tão básico e óbvio. Afinal, a dificuldade crônica de equacionar-integrar tal relação foi, pelo menos desde o Cinema Novo, determinante de uma revivificada má-consciência cinema-

---

2. Gilles Deleuze, "Os Cristais de Tempo", *A Imagem-Tempo*, São Paulo, Brasiliense, 1990.

tográfica, consciência da falta, da dívida, do compromisso, rebatendo inclusive em dilemas de personagens.

Concomitantemente a esses expedientes político-administrativos visando a reposição do curso da máquina cinematográfica, há os filmes. Eles, de fato, vêm proliferando em número e diversidade, mas o seu tecido não tem deixado de expor esse nó problemático da correlação tempo-dinheiro. De que forma? Num rápido sobrevôo pelas salas, mostras, festivais, pode-se observar um *leitmotiv* que unifica quase toda essa produção – sua proeminente consistência narrativa. Seja de feição mais clássica ou moderna, de qualquer modo impera um forte propósito de "contar história", passar uma "mensagem", fazer do filme um "ato comunicativo". Até aí tudo bem, pode-se justificar dizendo que com isso se atende a um novo imperativo pós-moderno de comunicação. O problema é a dificuldade, com poucas exceções, de, mesmo com todas as facilitações narrativas, atrair o público, ainda que haja um crescimento relativo de sua audiência. É quando torna-se a reiterar, como tantas vezes nessa história, os motes da educação, da informação e, sobretudo, da distribuição-exibição. Num recente programa da TV Cultura, o Vitrine, numa conversa que reuniu Carla Camurati, Beto Brant e Hector Babenco, Camurati comentava que "não saímos do negócio do dinheiro, onde quer que nos encontremos, e nunca falamos de estética" (ela é uma propositora do "baixo orçamento" como forma de dar continuidade à produção). Ou seja, o propósito narrativo, traço mais marcante da safra renascentista, parece se vincular à questão da reprodução das condições de produção (o produto digerível), embora o público-alvo mesmo assim resista, pouco compareça, e com isso os financiamentos se esfumem.

Ora, não há dúvida de que o tempo-dinheiro conspira em seara desde sempre ligada à lógica produtiva industrial. Não há dúvida de que um equacionamento da correlação filme-dinheiro, feito de modo mais consciente e consistente, atendo-se a um mínimo de princípio de realidade, seja determinante. Mas será que só se pode alçar a tal patamar em meio a um emaranhado de compromissos extra-criativos que predeterminam a consistência estética das produções? Reiterando as significações dominantes e abdicando de todo pensamento em função de sua perversão num horizonte de "oscarização"?

Um argumento geral aqui poderia fazer frente a este estado atual, à maneira de uma contra-reverberação. O de que condições adversas certamente limitaram quantitativamente a produção, mas nunca impediram a irrupção de filmes de rara intensidade. Seja na base do autofinanciamento, seja sob o amparo do auxílio governamental, seja na conjunção de um regime cooperativo de múltiplas parcerias, houve e haverá cineastas extraindo "leite da pedra", transpondo as limitações do meio, transmutando-as em matérias de suas criações, produzindo necessariamente com aquilo que têm. Numa última paráfrase à resposta de Fellini e em contraponto às tantas vezes anunciadas mortes do cinema: quando não houver mais dinheiro o filme estará terminado mas, certamente, não o cinema.

Tais são os casos, num ambiente adverso em que os problemas de financiamento tornaram-se, ao longo de décadas, uma ladainha do meio, dos cineastas Mário Peixoto, Glauber Rocha e Júlio Bressane, em cujas obras os ensaios aqui reunidos se detêm. Num momento marcado por coordenadas e orientações como as que acabei de pinçar, nada mais pertinente e oportuno que (re)visitar os itinerários criativos de um trio que não se hesita em considerar como dos mais substanciais e (trans)formadores no âmbito da cinematografia brasileira. Frente às suas criações recobra-se, aliviado, a energia do ato de pensar como um ato inaugural.

Mas como proceder diante dessas filmografias de modo a não repisar caminhos teóricos-metodológicos já trilhados, embora com o reconhecimento de sua pertinência e qualidade? Apesar do prestígio e poder modelador das obras desses cineastas, o volume de estudos disponível ainda não fez jus à sua importância, havendo em relação a isso vários níveis de dissimetria. Tome-se cada um em particular.

A obra de Glauber continua sendo objeto do maior volume de análises. Entretanto, no horizonte dos trabalhos mais substanciais[3] que enfocam sua filmografia, observa-se uma concentração e atenção maiores aos filmes dos anos de 1960 (*Barravento*, *Deus e o Diabo na Terra do Sol*, *Terra em Transe*, *O Dragão da Maldade contra o Santo Guerreiro*). Quanto à sua produção dos anos de 1970, realizada quase toda fora do Brasil (*O Leão de Sete Cabeças*, *Cabeças Cortadas*, *Claro*), comparada com o que rendeu de estudos à anterior, seu interesse, até hoje, foi relativamente menor. Sobre o último filme (*A Idade da Terra*), então, não será leviano afirmar que, embora alvo de contundentes polêmicas no âmbito da mídia, sua análise praticamente ainda está para ser feita. Em conjunto, portanto, esses oito filmes, compondo um itinerário que o autor denominou de "Roteiros do Terceyro Mundo"[4], produziram um número ascendente de análises quando se parte dos quatro primeiros e descendente quando se parte dos quatro últimos.

---

3. Chamo de trabalhos substanciais aqueles que tomaram esses filmes como objeto de pesquisa, resultando na produção de tese, livro ou ensaio. Nesse sentido, entre outras, distinguem-se as pesquisas de Ismail Xavier, contemplando, em dois momentos: *Barravento* (1962)/*Deus e o Diabo na Terra do Sol* (1964) e *Terra em Transe* (1967)/*O Dragão da Maldade contra o Santo Guerreiro* (1969). Ismail Xavier, *Sertão-Mar: Glauber Rocha e a Estética da Fome*, São Paulo, Brasiliense, 1983. *Alegorias do Subdesenvolvimento: Cinema Novo, Tropicalismo, Cinema Marginal*, São Paulo, Brasiliense, 1993.

4. Orlando Senna (org.), *Glauber Rocha: Roteiros do Terceyro Mundo*, Rio de Janeiro, Alhambra-Embrafilme, 1985.

Paralelamente a esse itinerário, há os "filmes marginais" e "vários curtas-metragens" que, segundo o próprio Glauber, "compõem uma atividade marginal a esse discurso central"[5]. Em relação a essa produção reitera-se um padrão dissimétrico similar ao anteriormente descrito. Os casos, por exemplo, de *Câncer* (1968-1972) e sua polêmica relação com o Cinema Marginal, até hoje pouco analisada[6]; de *Di Cavalcanti* (1977), curta premiado em Cannes, interditado pelos familiares do pintor após duas apresentações na TVE-Rio.

Ressalte-se o interesse crescente pelas "biografias intelectuais" do cineasta, mais até que as análises fílmicas. Aspecto que, num outro contexto, já chamava a atenção de Glauber, quando do lançamento de *A Idade da Terra*, ao reclamar da falta de análise do "caráter estético" do filme em benefício das críticas à sua "posição política".

Quanto a Peixoto, autor de *Limite* (1931) e de vários roteiros não filmados, durante décadas ficou-se com o balanço de início de carreira de Glauber, que recortava em seu livro[7] uma genealogia de proto-autores (Humberto Mauro, Mário Peixoto, Alberto Cavalcanti, Lima Barreto) para embasar a "verdadeira" autoria inaugurada com o Cinema Novo. Sem nunca ter visto *Limite*, falando da mitologia que o envolvia e assim reforçando-a, sua consideração de base mantém-se intata mesmo após tê-lo visto, duas décadas depois. E no entanto, boa parte das avaliações contidas em seu livro provêm de sua leitura, meio arrevesada, de um artigo de Octávio de Faria, publicado em 1931, quando da exibição do filme, e que Glauber transcreve na íntegra. Nesse artigo tem-se uma idéia da enorme atualidade de *Limite*, relativamente ao cinema moderno, nele transparecendo uma inegável premonição que destaca sua consistência fundamentalmente "poética", sua despreocupação narrativa em benefício do relevo dado aos "estados de espírito". Aspectos sobre os quais incidem, de forma pontual, as apreciações quando de seu relançamento no final dos anos de 1970, após um lento, persistente e inestimável trabalho de restauração a cargo de de Saulo Pereira de Mello. É esta, pelo menos, a visão que do filme retém Bressane, ao considerá-lo "estaca fundadora" de um "cinema de poesia" no Brasil, conceito com o qual define sua própria filmografia.

---

5. Sidney Rezende (org.), *Ideário de Glauber*, Rio de Janeiro, Philobiblion, 1986.

6. Tal polêmica foi abordada por:

Jairo Ferreira, "Processo Dialético, Sintonia Intergalaxial (Glauber Rocha, Plano-Seqüência)", *Cinema de Invenção*, São Paulo, Max Limonad-Embrafilme, 1986.

Jean-Claude Bernardet, "O Plano da Pedra (Apêndice I)", *O Vôo dos Anjos: Bressane, Sganzerla/Estudos sobre a Criação Cinematográfica*, São Paulo, Brasiliense, 1991.

7. Glauber Rocha, *Revisão Crítica do Cinema Brasileiro*, Rio de Janeiro, Civilização Brasileira, 1963.

A dedicação de quase toda uma vida a *Limite*, o que resvalou no cáustico comentário de Glauber que a ele se referiu como o "guardião-mor de *Limite*", transformou Saulo Pereira de Mello numa sumidade em relação ao filme, assim como ao restante da obra escrita do cineasta, material todo reunido no Arquivo Mário Peixoto, inaugurado em 1996, no Rio de Janeiro. Sobre o filme Saulo já publicou um livro de ensaios, reuniu, num precioso "Mapa de Limite", os fotogramas copiados do celulóide para papel, além do roteiro[8].

No que diz respeito à filmografia de Bressane, até recentemente a situação em relação aos estudos que conseguiu catalisar era um pouco similar com o que se viu da filmografia de Glauber. Ou seja, embora em extensão bem menor que as dedicadas ao cineasta cinemanovista, as análises mais substanciais concentravam-se na produção bressaneana dos anos de 1960 (*Cara a Cara, Matou a Família e Foi ao Cinema, O Anjo Nasceu*), sobretudo nesses dois últimos filmes.

Com um conjunto de mais de duas dezenas de longas-metragens, vários curtas, experimentos com múltiplas bitolas, vários ensaios videográficos, ao longo de três décadas Bressane produziu uma obra singular no panorama cinematográfico brasileiro. Auto-sustentou por anos sua criação, quando as demandas dirigiam-se às minguadas verbas estatais, quando os discursos ansiavam pela comunicação massificada, quando o cinema nacional quis erguer-se como indústria. Tal isolamento, no entanto, com todas suas dificuldades, longe do anseio de administrar uma "carreira" cedendo aos modismos circunstanciais, propiciou-lhe um dos mergulhos mais intensos no universo cultural local. O resultado é uma filmografia que, a par com os inúmeros diálogos que abre com outras tradições, privilegia sobremaneira a história de sua própria formação cultural. Parafraseando Caetano Veloso, Bressane é dos raros cineastas que a cada filme reitera, diferencialmente, o enunciado: não posso esquecer o que vi, ouvi e li, nem onde vivo.

Tal trajetória singular contribuiu para a tradução de seu cinema com o selo do "hermético". Mas o que de fato aí se observa é um desejo de poesia, uma vontade de invenção e experimentação, que o faz garimpar suas matérias em lugares e tempos que quase ninguém mais freqüenta, compondo com elas combinatórias de difícil reprodutibilidade. Isso faz com que cada filme seu condense um repertório de múltiplas referências, de citações as mais díspares, cujas fontes são sonegadas, soterradas, num procedimento construtivo similar a um trabalho arqueológico.

Composto, entre outros aspectos, por esse tipo de marca bastante pessoal, o cinema bressaneano permaneceu por mais de duas décadas

---

8. Saulo Pereira de Mello, *Limite*, Rio de Janeiro, Rocco, 1996. *Limite, Filme de Mário Peixoto*, Rio de Janeiro, Funarte-Inelivro, 1978. *Limite: "Scenario" Original /Mário Peixoto*, Rio de Janeiro, Sette Letras-Arquivo Mário Peixoto, 1996.

bem pouco conhecido. Para o grande público sempre foi reconhecido, particularmente, pela contundência contracultural do título de um de seus filmes – *Matou a Família e Foi ao Cinema*, de 1969. Título que, para o público mais jovem, remete muito mais ao *remake* de Neville d'Almeida, de 1990. É, portanto, apenas recentemente, dos anos de 1990 para cá, que esse cinema começou a produzir estudos mais substanciais. Seja com a publicação dos livros de analistas antes voltados para o Cinema Novo, e a seguir para o Cinema Marginal, daí a concentração na primeira produção do cineasta[9]. Seja com a emergência de pesquisas que, extrapolando o interesse apenas pelos primeiros filmes, adentram na sua produção dos anos de 1970 e 1980, cujo resultado são monografias sobre um filme, sobre um conjunto de filmes, além de uma antologia de textos sobre o conjunto da obra[10].

Em conjunto o que se observa, assim, é que, embora com uma função modelar e formadora no âmbito da cinematografia brasileira, nem sempre reconhecida e perceptível de imediato, o conhecimento da produção desses cineastas se restringiu a recortes mais marcados de suas obras. De um modo geral, incluindo a "redescoberta" de Peixoto, o que aí ficou a descoberto foi todo um itinerário criativo dos anos de 1970 e 1980. Não por acaso duas décadas, sobretudo a de 1970, que, quando vistas sob a ótica das intensidades sessentistas, do "efeito-68", costumam aparecer como décadas *cool* e de "vazio cultural". Com o recuo do tempo tal situação começou a mudar e, com isso, também o interesse em relação a outros momentos criativos desses cineastas.

A estratégia adotada nos presentes ensaios atém-se a esse quadro rarefeito, focalizando peças específicas e aspectos delas que permaneceram fora do horizonte das análises anteriormente pinçado. Opera-se num duplo registro: primeiro, a partir de uma questão disparadora, cada ensaio trata de construir um patamar de onde se possa ter uma

---

9. Penso aqui, sobretudo, nos livros de Ismail Xavier (com análises de *Matou a Família e Foi ao Cinema* e *O Anjo Nasceu*) e de Jean-Claude Bernardet (com análises de *Cara a Cara*, *Matou a Família e Foi ao Cinema* e *O Anjo Nasceu*), citados nas notas 3 e 6. Antes deles, a filmografia de Bressane foi objeto de análise nos livros de Fernão Ramos (período "marginal") e de Jairo Ferreira (de *Matou a Família e Foi ao Cinema* e *O Anjo Nasceu* até *Tabu*), além de ter composto um número da revista *Cine Olho*. Ver:

Fernão Pessoa Ramos, *Cinema Marginal (1968-1973): A Representação em Seu Limite*, São Paulo, Brasiliense, 1987.

Jairo Ferreira, "Processo Criativo, Sintonia Visionária (Júlio Bressane, Batuque dos Astros)", *op. cit.*

Revista *Cine Olho*, n. 5-6, São Paulo, jun.-jul.-ago., 1979.

10. Maria B. Cunha Lyra, *A Nave Extraviada*, São Paulo, Annablume, 1995 (análise do filme *Brás Cubas*, 1985). Francisco Elinaldo Teixeira, *O Cineasta Celerado: A Arte de Se Ver Fora de Si no Cinema Poético de Júlio Bressane*, São Paulo, tese de doutorado, FFLCH-USP, jun-1995. Bernardo Vorobow e Carlos Adriano (orgs.), *Júlio Bressane: Cinepoética*, São Paulo, Massao Ohno, 1995.

visão da obra em conjunto; a seguir, faz-se um recorte centrado num momento da criação de cada cineasta, casos dos filmes *Limite* e *A Idade da Terra*, de Peixoto e Glauber, e dos vídeos *Galáxia Albina* e *Galáxia Dark*, de Bressane, cujo objetivo é o de ressaltar cada peça escolhida, a maneira como ressignificam o conjunto e a enorme atualidade do pensamento estético-cinematográfico que daí reverbera.

O disparador da análise do filme de Peixoto é a aura mítica, o "mito *Limite*", com que Glauber o cercou e que fez história. Mesmo o reconhecendo como "revolucionária aula de montagem", a dimensão poética do filme é reduzida por ele à mitologia existencial do "burguês decadente". Dupla desqualificação, da noção de mito e do produto a ele associado, mas também estabelecimento da confusão, romântica, entre vida e obra. Por sobre tais significações corriqueiras, o devir-cineasta de Peixoto se constrói por via de intensidades as mais inesperadas, furtando-se às destinações comuns em que a obra torna-se correlato da vida. Nele, até mesmo os dados biográficos mais banais mergulham num horizonte de instabilidade, criando linhas de fuga das identidades incrustadas. Da "Visão de Paris", lance de dados primeiro do devir-filme, ao "Sítio do Morcego", retiro litorâneo (re)construído como uma espécie de desdobramento orgânico de uma sensibilidade estética que impregna os roteiros de novos filmes sempre adiados e jamais realizados, o itinerário artístico de Peixoto não descreve uma mitologia pessoal, mas constitui peças de uma estilística da existência, de um querer artista, de processos dinâmicos de subjetivação, que nada têm a ver com a interioridade e identidade de um indivíduo, sujeito ou pessoa.

Sabe-se do quanto o cineasta se frustrou diante do filme restaurado, falando da angústia de que foi tomado ao perceber nele as tais das "cenas faltantes" irrecuperadas. Redigiu a esse respeito uma espécie de carta à posteridade, sob a forma de uma "nota explicativa", com a qual pretendia completar *Limite* e na expectativa de que algum dia as cenas fossem refeitas, embora o restaurador lhe tivesse devolvido que tal procedimento seria como "querer colocar os braços na Vênus de Milo". Nomeio esse filme incompleto de *filme virtual* e todo meu trabalho de análise está concentrado num cotejo dele com o *filme atual* restaurado. Sua importância é fundamental no que diz respeito à concepção de tempo em Peixoto, além das implicações que o ato de acrescentar cenas, retornar à criação já realizada com o intuito de completá-la, tem para um "cinema de poesia" enquanto obra aberta.

Uma estratégia que optei com a finalidade de repassar a obra de Glauber foi a de partir dos escritos de um "leitor" seu bastante singular, o filósofo Gilles Deleuze. Confesso um profundo incômodo que senti ao ler, pela primeira vez, aquelas cerca de dez páginas em que parte da filmografia do cineasta é objeto do livro do filósofo, *A Imagem-Tempo*, em suas análises sobre o "cinema político". Até hoje sua repercussão foi praticamente nula por aqui, fazendo crer que as considerações do filósofo a respeito do cinema de Glauber e o do "Terceiro Mundo" constituem uma espécie de ponto pacífico. Mas não são! Talvez um aspecto onde mais releva uma mudança de atitude frente às recorrentes leituras que se fez em relação a um "terceiromundismo", mesmo assim como resultado de intensos debates que se deram em torno do "cinema verdade"/"cinema direto" e certos aspectos seus tendenciosos, seja uma proposição com a qual Deleuze revolve visões até então sedimentadas: a de que o cinema dessas regiões, diferentemente da constante demanda ocidental de exotismo, não é "um cinema que dança mas um cinema que fala". No mais, a par com suas imprescindíveis revisões conceituais, boa parte da analítica do filósofo é inferida do solo mimético com que, décadas a fio, compôs-se e recompôs-se as visões das relações de poder entre colonizado e colonizador. No caso de suas leituras do cinema glauberiano, ao invés de tomar como intercessores mais apropriados pensamentos locais de feitura artístico-literária, como faz no âmbito das generalizações dos pensamentos de Kafka e Klee para o "Terceiro Mundo", Deleuze toma como intercessor privilegiado um pensamento que fez carreira na Europa como uma sociologia da representação dos processos artísticos-culturais no Brasil, o de Roberto Schwarz. Desse modo, portanto, não é por acaso que vai falar de impropriedade, entre outros, no caso da composição que Glauber faz do "eu do intelectual" nessas regiões, apontando-lhe o deslize de passar para o lado do colonizador pela via de "influências artísticas". Entretanto, esse aparentemente insuperável destino mimético, há décadas repisado num sentido unidirecional, vem já há um certo tempo expondo o circuito reversível, pluridirecional, sobre o qual se assenta os seus avatares. Disso o Deleuze leitor de Glauber dá provas mais do que convincentes.

Do cineasta selecionei um filme quase sem nenhuma referência analítica mais substancial, filme ainda suspenso entre a fragmentária consistência de que se reveste e a poeira polêmica que levantou quando de seu lançamento, o *A Idade da Terra*. A análise parte de um cotejo com o "primeiro tratamento", de 1977, intitulado "Anabaziz – O Primeiro Dia do Novo Século". Como se pode observar, desde aí já se anuncia um patamar prospectivo que serve de lançamento para a criação do que chamo de *arqueogenealogia* glauberiana, nesse último filme. Saindo dos transes míticos da obra anterior, do revolucionarismo terceiromundista com que sacudiu e imprimiu sua marca num cinema político até o filme *Claro*, de 1975, agora o cineasta investe num solo religioso hipersaturado. Compõe um *ato de fabulação* a partir do personagem real milenar de Cristo, só que recompondo-o por via do que nomeio de *anabatismo secularizado*, numa referência ao raramente levado em conta protestantismo de Glauber. Como um intenso caleidoscópio de atitudes corporais orquestradas pela mão de ferro do diretor, que incansavelmente entra e sai de cena com o corpo-voz de comando, o filme resulta num de seus mais processuais trabalhos. Nele ganha um relevo bastante peculiar os modos como extrai, compõe e põe em circulação, a partir da linguagem cotidiana, a palavra em ato, o ato de fala fabulador.

O cineasta carioca Júlio Bressane é, do trio aqui reunido, o único que permanece vivo e em plena atividade, com uma produção contínua já há cerca de três décadas. Para situar o conjunto de sua filmografia, detive-me numa problemática cara ao cineasta desde sempre, embora sua lapidação mais enfática tenha se dado do momento de realização do filme *Brás Cubas*, de 1985, para cá: as questões de tradução intra e intersemiótica no cinema. A maneira bastante peculiar de enfocar a operação tradutória tornou-se uma marca singular de sua cinepoética, quase sempre gerando um enorme desconcerto num campo onde os reclamos de fidelidade à obra-objeto é o lugar-comum. Para Bressane, a pior tradução é a que se detém no entrecho, a que procede por mimetismo com a obra-objeto. O problema de partida da tradução, portanto, sendo o da sua impossibilidade, o que demanda uma operação tradutória no vazio do texto.

Após me deter longamente em sua filmografia, num trabalho anterior[11], neste interessou-me sua produção videográfica que até hoje permanece virgem em termos de análises, apesar de sua relação com a imagem-vídeo datar de cerca de duas décadas. As duas peças em vídeo que escolhi foram realizadas num momento crítico da produção audiovisual brasileira, entre 1992-1993, o que torna mais peculiar ainda o itinerário do cineasta no contexto cinematográfico local. Ou seja, em plena onda melancólica vivida com o fim da Embrafilme, encontra-se Bressane às voltas com o labiríntico texto das *Galáxias*, de Haroldo de Campos. É desde esse céu galático, portanto, numa parceria criativa com o poeta, que o cineasta enfrenta a "sinistrose" da midiática "Era Collor".

Num momento de grande ascensão das estéticas videográficas, a essa altura já com efeitos sideradores no que diz respeito à partilha entre efeitismo tecnológico e potência criadora, as realizações de *Galáxia Albina* e *Galáxia Dark* trazem aportes fundamentais às virtualidades criativas no suporte vídeo. É necessário um roteiro prévio? Pode-se elaborar um roteiro "no ato" e fazer disso um *leitmotiv* da criação? Como operar uma mestiçagem dos suportes? Confusão ou indiscernibilidade entre imagens de meios distintos? Proliferação atordoante de múltiplas janelas num mesmo quadro? Congelamento "na" imagem e

---

11. O conjunto de filmes que analisei foi o seguinte: *Cara a Cara* (1967), *O Anjo Nasceu* (1969), *Matou a Família e Foi ao Cinema* (1969), *A Família do Barulho* (1970), *O Rei do Baralho* (1973), *O Gigante da América* (1978), *Tabu* (1982) e *Brás Cubas* (1985). Francisco Elinaldo Teixeira, *O Cineasta Celerado: A Arte de Se Ver Fora de Si no Cinema Poético de Júlio Bressane, op. cit.*

"da" imagem? Tais são algumas questões que esses dois vídeos bressaneanos não cessam de levantar. No geral, porém, ambas as peças constituem um ponto alto da dimensão processual de seu extenso trabalho, levada aos limites no que chamo de uma *logística da criação*.

No quarto e último ensaio diagrama-se uma tela, com objetivos comparativos, onde os pensamentos estéticos-cinematográficos dos três cineastas vêm se infletir. Dividido em duas partes, na primeira põe-se em foco um percurso desconstrutivista do que Marcel Duchamp denominou de "arte retiniana". Arte voltada às demandas de um olho-visão-olhar, de uma espécie de pulsão escópica, e que no cinema se consubstanciou numa assimilação da câmera ao olho humano, num período em que as novas tecnologias eram tomadas como um trabalho da cultura de extensão e ampliação dos sentidos (a par, também, com o seu contrário, ou seja, enquanto regressão deles, nas teorias críticas dos meios de comunicação de massa). Para além dessa pulsão de ver, desse privilégio do olho, as correntes mais criativas, experimentais, *poíeticas*, no cinema, voltam-se para as regiões mais recuadas do espírito-mente-cérebro, com a câmera adquirindo funções proposicionais, de traçar movimentos e processos de pensamento, e assim convertendo-se numa espécie de terceiro olho, de olho do espírito. É todo um perspectivismo clássico, todo um investimento na postura humana ereta, vertical, enquanto condicionante de nosso mundo ótico, que aí soçobra. Em vez de "janela aberta para o mundo", trata-se aqui de um cinema que, como invoca Glauber em relação ao seu filme, "o espectador deverá assistir como se estivesse numa cama, numa festa, numa greve ou numa revolução".

Na segunda parte do ensaio, ao modo de uma conclusão, retorna-se às peças analisadas com o intuito de circunstanciar o conjunto de proposições esboçado na primeira parte. Como seu título indica, trata-se de expor por quê as obras desses três cineastas podem ser pensadas como modeladoras, como (trans)formadoras no âmbito, pelo menos, da cinematografia brasileira. E isso independentemente de um reconhecimento expresso, como é mais comum no caso de Glauber, ou do intrigante e operacional silêncio sob o qual mantém-se Peixoto e, sobretudo, Bressane. À maneira do poema de Haroldo de Campos, diante de suas filmografias o cinema brasileiro "nascemorrenasce" num devir incessante.

Parte I

Rebrilho do Tempo Intangível
(Limite e o cinema da lepra de Mário Peixoto)

Capa da revista francesa Vu, *desencadeadora da imagem-germe de* Limite.

(Página anterior) Imagem-germe de Limite.

1. Entre a "Visão de Paris" e o "Sítio do Morcego": O Devir-Cineasta de Mário Peixoto

> *[...] viu em quiosque do boulevard Montmartre "pendurada em um arame e bem na minha direção" a revista* Vu, *"que me bateu em cheio nos olhos". Na capa, um rosto de mulher, de frente, olhar fixo e tendo em primeiro plano duas mãos masculinas algemadas.*
>
> Circunstância da "visão de Paris", em 1929, que desencadeia *Limite*, de Mário Peixoto.

No âmbito das significações dominantes que se elevam da história cinematográfica brasileira, a confluência de biografemas excêntricos e mitemas proliferantes, relativamente à vida e obra de Mário Peixoto, é insistente. Raro não situar o filme *Limite* nos rastros de uma nebulosa mítica! Raro não cotejá-lo com os dados biográficos incomuns de seu criador! De modo que ambos, criador e criatura, biografia e obra, foram aos poucos mergulhando num solo de indiscernibilidade que, no entanto, não cessava de realizar duplicações.

Nesse processo as falas intentam dizer o mito do lugar recuado de uma desmitificação, mas o que conseguem é fazer proliferar suas versões. Daí os tons, não raro cáusticos, que reverberam da palavra "mito". Do mito do filme perdido, em restauração, restaurado, à sua exposição pública; do mito do artista precoce, do autor excêntrico, da pessoa tímida e de pouca conversa, do indivíduo isolado em sua ilha, há em todo esse processo uma resistência desconcertante. Insistência do mito diante de sua negação, positivação sua nos rituais discursivos que o põem em incessante atualização. Por meio século *Limite*/Peixoto consistiram numa espécie de nebulosa coruscante, a verter e inverter sinais, a emitir desafios desnorteadores de recepções, a abrir, enfim, processos de re(in)stauração auráticos em meio a requeridos processos de secularização.

De modo que talvez seja o caso de não continuar insistindo na "metáfora do mito". Desviar dessa metáfora dominante transpondo as alternativas, seja a de um materialismo que toma o mito como plataforma de obscurantismo conservador, seja a de um transcendentalismo que às vezes o expulsa do solo deste mundo. Frente a ambos, poder-se-á afirmar que o mito é muito mais que mero reflexo de "condições objetivas" e muito menos que pura narrativa impessoal de um além. Mesmo como metáfora, falar de mito nesse caso sempre reverberou um certo tom de anacronismo, não se fazendo jus nem a um nem a outro, nem ao mito nem ao complexo autor-obra. Mas também não é o caso de opor a tais significações, que investem o mito como o selo da negatividade irônica, um sentido que o invista de positividade (por exemplo, o sentido de uma mitopoética). O problema aqui é do alcance restrito de tal metáfora, seja por sua impropriedade, seja pela "mais nebulosidade" que acrescenta ao seu objeto. Tentemos, portanto, ultrapassar os investimentos de meio século que lançaram *Limite* e seu autor num halo misto de anacronia, intangibilidade e inacessibilidade.

Tanto a trajetória de *Limite* quanto a de Mário Peixoto, vistas sob a perspectiva de sua insistência no tempo, de sua durabilidade, sobretudo em se tratando do caso de única obra fílmica de um autor, ambas apresentam, efetivamente, uma marca que distingue os itinerários intensos e acidentados. Trata-se de seu enorme poder de efetuar duplicações, de desdobrar seus dados e aspectos, de fazer do uno um múltiplo. Flagrante, incômodo, desafiador poder de constituir "lenda"! Não como modo de encetar seu próprio desaparecimento, de tender a "desaparecer", como alertava Glauber Rocha, mas como forma de perdurar, atualizar-se, enquanto marca do ser extemporâneo. Esse traço de intempestividade, um querer situar-se num tempo que nunca lhe é próprio, além de consistir num nó axial do filme – o problema da temporalidade posto ao humano – atravessa a própria história de vida de seu autor. Mas de um modo muito peculiar. Vejamos, antes de partir para uma descrição dos aspectos lendários do filme e, finalmente, para sua análise, alguns aspectos lendários de que se reveste a figura do cineasta.

Não se trata, aqui, de uma insistência em dados biográficos visando embasar uma compreensão da obra, no pressuposto de que ela seja expressão individual, pessoal, identitária, subjetiva, de seu criador. Não! Não se cria nada (a não ser biografias recheadas de idiossincrasias que se pretende sejam de interesse geral) com simples biografemas que não ultrapassem as percepções vividas ou afecções sofridas, que não realizem o trabalho de uma vontade estética.

O que chama a atenção nesta vida é o quanto ela consegue sobrepassar um individual, duplicar um pessoal e um subjetivo, para constituir uma singularidade de artista. Basta atinar para as declinações da linguagem, quando se trata de se referir a Mário Peixoto. Não é incomum que alguma tentativa biográfica se abra com o *leitmotiv*: "pouco se sabe...". E, no entanto, os dados não param de desdobrar aspectos. Dois dos mais risíveis desses dados são flagrantes: a data de nascimento (1908, 1910, 1912, 1914, ou até 1920?) e o local de nascimento (Bruxelas ou Rio de Janeiro?). Com a ambivalência da data disseminou-se a lenda do artista jovem, precoce, do adolescente mergulhado em questões transcendentais, metafísicas até. Com a ambivalência do território, acrescido ainda da Inglaterra como local de estudos e da Paris do contato com as vanguardas, criou-se a lenda da formação refinada, do gosto burguês excêntrico, do ser cosmopolita, simultâneo do retraimento que culmina na retirada para o Sítio do Morcego, na Ilha Grande.

Os esboços de perfis construídos particularmente a partir desse eixo data/local de nascimento constituem um solo fértil das múltiplas possibilidades de uma vida realçada em destinos poucos comuns. E isso com Mário Peixoto, apesar dele e para além dele. Porque nem mesmo sua morte, em 1992, com o acesso aos seus "diários" que propicia, dá por esgotado o vetor de duplicidade que aí resiste. Ao ponto de uma das últimas tentativas, em 1996, de realizar um "breve esboço de uma cinebiografia de Mário Peixoto", começar dessa forma desconcertante: "Mário José Breves Rodrigues Peixoto – Mário Peixoto – nasceu, segundo ele mesmo, em Bruxelas, mas há também evidências de que tenha nascido no Rio, na Tijuca. O seu diário nos diz que foi no dia 25 de março de 1908..."[1]. Uma versão pública que Mário deu disso, em 1983, começa assim: "Eu nasci na Bélgica, onde meu pai trabalhava, e vim para o Brasil com cinco anos. Depois, aos nove anos voltei à Inglaterra para estudar e lá fiquei até os vinte anos. Eu vinha sempre ao Brasil para visitar meu pai mas tinha que ir à Inglaterra pois havia provas de três em três meses..."[2].

O plano das "evidências" aqui é secundário. Muito mais significativo para a construção da obra é a indeterminação de uma idade, a desterritorialização de uma localidade, esse claro-escuro que vem se instaurar a partir dos dados mais comuns. Ou seja, subtrair da vida o que ela tem de mais natural, de mais banal e corriqueiro – a data e o território de um nascimento – criando com isso devires multipessoais e plurisubjetivos. Desafiadora vontade de por em indiscernibilidade os dados de "uma" origem, os traços de "uma" identidade, de decompor e recompor um problema.

---

1. O texto "Breve Esboço de uma Cinebiografia de Mário Peixoto" foi editado por ocasião de uma mostra sobre *Limite*/Mário Peixoto, realizada no Rio de Janeiro de julho a setembro de 1996, concomitantemente à inauguração do Arquivo Mário Peixoto. Tal texto reúne grande quantidade de informações, atualizadas com os "diários", sobre o cineasta. Toda a primeira parte de meu ensaio embasou-se em informações aí contidas, sempre que possível confrontadas com declarações de Peixoto em outras fontes. Saulo Pereira de Mello, "Breve Esboço de uma Cinebiografia de Mário Peixoto", Rio de Janeiro, MinC/Casa de Rui Barbosa, 1996.

2. Matéria do jornal *Folha de São Paulo*, 28.12.1983. In: Jairo Ferreira, "Mário Peixoto, a Música da Luz", *Cinema de Invenção*, São Paulo, Max Limonad, 1986.

Esses dois aspectos constituem, assim, pontas de uma intrincada malha que o tempo não cessou de fiar e desfiar. Recortemos, agora, uma série de circunstâncias que se infletem no devir-cineasta de Mário Peixoto.

DE AMBOS OS LADOS DA CÂMERA

Atendo-se aos cerca de quarenta anos que vão de 1927 a 1965, da decisão de tornar-se ator ao retraimento no Sítio do Morcego, o que se observa é um forte perseverar no ser artista, um forte investimento num devir-cineasta. Nada do tipo "fez *Limite* e sumiu do mapa", como o vazio de novos filmes quase sempre pareceu indicar. Ao longo desse período Mário Peixoto, direta e indiretamente, conviveu e se relacionou com vertentes da cinematografia brasileira das mais expressivas e formadoras: a que passa, por exemplo, pelo ciclo de Cataguases (Humberto Mauro), pela Cinédia (Adhemar Gonzaga), pela Brasil Vita (Carmen Santos), pela Vera Cruz (Alberto Cavalcanti), pelo Cinema Novo (Glauber Rocha). A partir dos anos de 1970, em especial com o "cinemapoesia" de Júlio Bressane, produziu-se uma inflexão que veio ressituar o cineasta e sua obra em outro patamar.

O aspecto que mais sobressai dessa teia de relações é a difícil assimilação de sua particular visão do cinema, visão que efetivamente impossibilita a transformação dos vários roteiros que escreve em filmes. Circunstanciemos.

O ano de 1927 marca a ida de Peixoto para uma escola na Inglaterra, aí permanecendo até agosto. Em seu diário desse período, uma súbita revelação: a decisão de "tornar-se ator"[3]. De volta ao Rio de Janeiro, estabelece relações com Brutus Pedreira (Teatro de Brinquedo) e Raul Schnoor, ambos participantes vitais de seu filme vindouro. Com eles Mário chegou a encenar uma peça teatral, fazendo o papel de um palhaço inglês.

Ao retornar da Inglaterra, Peixoto encontra um clima de efervescência cultural dos mais intensos e propícios. O ano de 1928 é o ano da produção do filme *Barro Humano*, de Adhemar Gonzaga. Com Eva Schnoor (irmã de Raul) como protagonista do filme, a casa dos Schnoor transformou-se num ponto de encontro diário da equipe que reúne, além de Gonzaga, Pedro Lima, Humberto Mauro (nesse momento realizando *Brasa Dormida*), Paolo Benedetti, Álvaro Rocha e Paulo Vanderley, o chamado "grupo de *Barro Humano*". Nesse ambiente de feitura de um filme, ambiente de um filme em germe, encontramos Mário Peixoto. E o que aí se discute e que tipo de participação tem ele? Basicamente,

---

3. Saulo Pereira de Mello, "Breve Esboço de uma Cinebiografia de Mário Peixoto", *op. cit.*, p. 7.

os problemas de realização cinematográfica, artística e tecnicamente e, segundo o próprio Mário Peixoto, até os problemas de manejo da câmera. Mário Peixoto participava como espectador, provavelmente discretíssimo, da produção de *Barro Humano*, pois Brutus Pedreira, Raul Schnoor (e o irmão Sílvio) faziam figuração. Não sabemos se Mário Peixoto participou também da figuração – e jamais saberemos, a menos que existam fotos de filmagem: o filme desapareceu. O certo é que esteve presente a algumas filmagens – ele mesmo declarou isso[4].

O ano de 1928 é também o da fundação do Chaplin Club, o cineclube fundado por ex-colegas de Peixoto no Colégio Zaccaria: Octávio de Faria, Almir Castro e Plínio Sussekind Rocha. Não sendo sócio do clube, Peixoto acompanhava as calorosas discussões que lá se davam através do amigo Octávio de Faria. Nesse momento o desencadeante dos debates era o primeiro filme americano de Murnau, *Aurora* (1927), recém-lançado:

> Plínio havia atacado duramente o filme e Octávio e Almir o haviam defendido com entusiasmo. A polêmica, que se estende do primeiro número de *O Fan* – o "órgão oficial" do Chaplin Club – de agosto de 1928 ao quinto, de junho de 1929, girava, apenas superficialmente, em torno de *Sunrise*. Na verdade, discutia-se a própria natureza do cinema silencioso – que então era o cinema[5].

Enfim, concomitantemente a essa cultura cinematográfica efervescente, 1928 é um ano fértil de nossa produção modernista: Tarsila do Amaral pinta *Abaporu*, Oswald de Andrade lança o *Manifesto Antropofágico*, Mário de Andrade publica *Macunaíma*, José Américo de Almeida o seu *A Bagaceira*, Paulo Prado o seu *Retrato do Brasil*, Raul Bopp o seu *Cobra Norato*, além do poema de Carlos Drummond de Andrade "No Meio do Caminho".

O filme de Humberto Mauro, *Brasa Dormida*, estréia no início de 1929, e em junho é a vez de *Barro Humano*, de Adhemar Gonzaga. Ambos os filmes vêm expor uma visível mudança dos padrões cinematográficos locais. *Barro Humano* "foi exibido com grande sucesso crítico, financeiro e mundano – esse sucesso determinaria o futuro de Adhemar Gonzaga e da Cinédia" (o primeiro grande estúdio local, construído em 1930). Quanto ao filme de Mauro, embora recebido "tepidamente pela crítica e razoavelmente pelo público", isso foi suficiente para continuar e terminar o seguinte, *Sangue Mineiro* (acabado também em junho). *Brasa Dormida* foi impactante para Peixoto:

> Segundo o próprio Mário Peixoto, o filme, que havia recebido atenção simpática de Octávio de Faria, demonstrava que já era possível ir além do "produto nacional" – tecnicamente deficiente e expressivamente indigente – e realizar filmes de qualidade tanto técnica quanto expressiva. Claramente o filme de Mauro significou muito, nestes termos, para a feitura de *Limite*[6].

4. *Idem*, pp. 10-11.
5. *Idem*, pp. 11-12.
6. *Idem*, p. 12.

Observa-se, desse modo, como esse clima de filmes se fazendo, equipes cinematográficas reunindo-se para discutir e implementar etapas da criação, filmes se lançando e provocando debates, como tal clima rodeia e se relaciona com Peixoto. Um ambiente que reverbera uma sensação de pioneirismo que se reintera a cada nova "arrancada", nas décadas seguintes. Ambiente que, no final dos anos 50, Alex Viany reconstrói com os seguintes termos:

> Mas, aos trancos e barrancos, o cinema brasileiro caminhava, dispondo-se agora a enfrentar o monstro do som. Através de erros e acertos, empreitadas honestas e aventuras desonestas, foi criada uma consciência cinematográfica, haviam aparecido homens e mulheres com legítima vocação para o cinema. Um cinema que, apesar de todas as dificuldades, já contava com esses elementos, existia realmente, como afirmava, orgulhoso, Octávio de Faria: "E eu fico daqui aplaudindo, à espera de poder aplaudir de novo" (comentário de Faria sobre *Barro Humano*)[7].

Em meados de 1929, Mário Peixoto decide voltar à Europa (Londres-Paris) para, destaque-se, "estudar a coisa", a coisa cinema. Aqui, mais uma zona delicada, um conflito sinuoso. O pai o queria médico. Peixoto fala de "um conflito com o pai", nesse momento, que, ao mesmo tempo que se liga à sua escolha contrária, parece que a transcende. Trata-se, segundo ele, de "uma coisa secreta", algo que está na "chave de *O Inútil de Cada Um* e está relatada no livro". Vai para a Europa sob o impacto desse conflito, quando tem a "visão de Paris", ou seja, vê por vidência a imagem-germe de *Limite*, registrada na mesma noite "no papel do hotel, que era o Hotel Bayard"[8]. Visão que Peixoto também descreve, cinquenta e quatro anos depois (1983), como tendo se dado na Inglaterra e que, inclusive, compartilhou com o pai:

> Numa dessas visitas ao Brasil é que eu fiz *Limite* e o montei numa outra. E o filme começa com a imagem que eu vi na Inglaterra. Eu estava saindo do hotel e vi um mar cintilante, que ofuscava um pouco os olhos, e vi uma figura que eu não lembro se era homem ou mulher, que estava algemada. Aquilo se fixou em minha mente, era uma cena que contei pro meu pai. Quando fizemos o filme então eu o abria com essa imagem[9].

Em outubro de 1929, Peixoto retorna ao Rio de Janeiro, iniciando-se as etapas que levarão à realização de *Limite*.
1. Uma decisão não-solitária, grupal:

---

7. Alex Viany, "A Infância não Foi Risonha e Franca", *Introdução ao Cinema Brasileiro*, Rio de Janeiro, MEC-INL, 1959.
8. Saulo Pereira de Mello, "Breve Esboço de uma Cinebiografia de Mário Peixoto", *op. cit.*, p. 15.
9. Matéria do jornal *Folha de São Paulo*, 28.12.1983. In: Jairo Ferreira, "Mário Peixoto, a Música da Luz", *Cinema de Invenção*, *op. cit.*

Parece ter sido tomada em grupo – pelo grupo do Teatro de Brinquedo e do "salão" de Mme. Schnoor. A iniciativa parece ter sido do "grupo". Tanto as notícias da época, em Cinearte, quanto as narrativas de Mário mencionam o "grupo", as notícias falam de "grupo" e Mário usa o pronome "nós" quando se refere à produção de *Limite*, nessa época[10].

2. A transformação da "visão" em roteiro (o "scenario") se faz, entre o final de 1929 e início de 1930, segundo Peixoto, "após o aprendizado com Octávio de Faria".

3. Em março de 1930, começa a providenciar a escolha do elenco:

[...] os atores masculinos viriam do Teatro de Brinquedo – Brutus Pedreira, Raul Schnoor e ele mesmo. As atrizes vieram, uma do álbum de atrizes de *Barro Humano* mostrado a Mário por Pedro Lima, que ainda não havia rompido com Adhemar Gonzaga: Yolanda Bernardi, que tinha feito figuração em *Barro Humano* e que seria Taciana Rei, a "mulher número 2". A outra, Alzira Alves, que seria Olga Breno, a "mulher número 1", foi encontrada por Mário na loja de chocolates da Casa Behring, de propriedade de seu tio Jorge Behring de Matos, que a emprestou a Mário[11].

4. Peixoto diz que "não tinha absolutamente intenção de dirigir o filme", convidando para tal Adhemar Gonzaga e depois Humberto Mauro. Gonzaga recusa o convite de Peixoto, "dizendo francamente que achava o roteiro excelente mas que certamente seria um fracasso de bilheteria". Sugere que o próprio o faça. Peixoto procura Mauro que reitera Gonzaga, ou seja, que "aquilo era uma coisa tão particular, tão diferente, que só mesmo quem tinha escrito é que devia dirigir"[12].

5. Gonzaga e Mauro, ocupadíssimos com seus projetos (a realização do primeiro filme da Cinédia, dirigido por Mauro, *Lábios sem Beijos*), indicam o fotógrafo Edgar Brazil, que traz o arquiteto Rui Costa, assistente do filme. Segundo Mário, "a Cinédia foi muito cooperativa", não apenas indicando o fotógrafo como providenciando a película com "o laboratório Benedetti". Além disso, Gonzaga intermedeia o empréstimo de uma das câmeras (uma Hernemann com tripé) junto a Agenor de Barros da Phebo Filmes de Cataguases. Uma outra câmera, uma "Kynamo de mão, com chassis de trinta metros, de corda, foi comprada 'à prestações', por Mário. Alguns refletores, da fábrica de chocolates do tio de Mário, Jorge Behring de Matos, foram emprestados à equipe"[13].

6. Com locações em Mangaratiba e litoral fluminense próximo, *Limite* realiza-se "entre maio de 1930 e janeiro de 1931. A equipe ficou alojada na fazenda Santa Justina, do tio de Mário Peixoto, Victor Breves, prefeito de Mangaratiba". Num clima amistoso e cooperativo,

---

10. Saulo Pereira de Mello, "Breve Esboço de uma Cinebiografia de Mário Peixoto", *op. cit.*, p. 15.
11. *Idem*, p. 17.
12. *Idem*, p. 18.
13. *Idem*, p. 19.

[...] todos unidos – atores, técnicos, ajudantes – filmaram na cidade: nas ruas, na praça, na igreja, nos telhados, no chafariz, nas estradas e nas bordas dela; nas rochas, nas escarpas sobre o mar, nas colinas, em cima de postes, debaixo de árvores, no meio dos brejos e dos capinzais ventados. E no mar – dentro dele e no barco. Realizaram *takes* fixos, rigorosamente enquadrados e bruscos, e curtos arrancos de câmera; imensos *takes* extremamente móveis e libérrimos, e curtos *takes* fixos de rígido enquadramento.

Terminado o grosso das filmagens, entre julho e agosto, faltavam: a) os *extreme close ups* da seqüência da costura com Olga Breno, filmados por Brazil, na Cinédia, com uma câmera Mitchell de Adhemar Gonzaga, em outubro; b) a seqüência com Carmen Santos e Raul Schnoor, no embarcadouro, encaixada no filme como troca pelo uso do laboratório de Carmen por Brazil, seu amigo; c) a seqüência da tempestade do final do filme, indicada no roteiro, simplesmente, como "fusão *shot* – mar revolto, insiste, insiste (efeitos d'agua)". Ambas as seqüências foram concluídas em janeiro de 1931[14].

Limite nunca teve uma exibição comercial, ficando com a marca definitiva de filme de cineclube. Obtém uma pré-estréia – "no dia 17 de maio de 1931, um domingo, às 10h30 da manhã, no Capitólio, hoje desaparecido, na Cinelândia" – que é também "a última sessão de cinema do Chaplin Club", logo depois autodissolvido. Não consegue mobilizar o interesse de nenhum distribuidor, mesmo com o empenho de Adhemar Gonzaga, o que faz Peixoto desistir das tentativas de exibi-lo[15].

O EFEITO-*LIMITE*

Mas nem por isso Peixoto desiste do cinema. Com o filme *Limite* ainda na fase de montagem (entre dezembro de 1930 e janeiro de 1931), começa a desenvolver o roteiro de *Onde a Terra Acaba*. Um roteiro de encomenda, fruto do encontro com Carmen Santos quando do uso de seu laboratório para copiagem do material de *Limite*. O cineasta assim descreve o encontro: "Carmen me encomendou um 'scenario' que a tornasse atriz indiscutível". Como vimos atrás, de imediato ela ganha uma seqüência de *Limite*, a última a ser filmada junto com a da tempestade. Nesse mesmo momento (janeiro de 1931) já se anuncia que ela "vai ser a estrela do próximo filme de Mário Peixoto, provisoriamente intitulado *Sofisma*". Um roteiro com esse titulo chegou a se esboçar mas, segundo Mário, "subitamente desgostei-me dele", passando a desenvolver um outro intitulado *Sonolência* que, "por razões comerciais", mudou para *Onde a Terra Acaba*[16].

14. *Idem*, p. 20.
15. *Idem*, p. 24.
16. *Idem*, p. 24.

Enquanto monta *Limite* e escreve o novo roteiro, Peixoto escolhe as locações do novo filme: a Restinga de Marambaia, na Praia do Sino. O desafio do projeto, apontado na época como "o mais audacioso e dispendioso projeto do cinema brasileiro", começa com o difícil acesso às locações: "Tinha-se que ir de trem do Rio a Mangaratiba – quatro horas – e daí, por mar, para a Marambaia – duas horas de lancha, já em mar aberto. A região, sujeita freqüentemente a grandes temporais e mar agitado, podia fechar-se sobre si mesma e isolar-se do mundo. Durante a filmagem freqüentemente o fez". Dificuldades que o próprio título do filme contempla, mas que não constituem obstáculos para a grandiosa produção. Além do "luxo inacreditável de um laboratório", geradores de eletricidade e equipamentos de filmagem (a câmera, "uma Debrie Parvo, com várias objetivas, filtros, difusores e diversos tripés") importados da Europa, a Marambaia se transforma numa espécie de *cinecitta* fluminense:

> Um verdadeiro vilarejo cinematográfico foi construído na Pedra do Sino, trabalho executado, no Rio, pelo pai de Carmen Santos, habilíssimo marceneiro, e transportado, desmontado, para a Marambaia, onde foi remontado; havia casa para atores, casa para Carmen, cozinha, laboratório, casa de hóspedes e uma casa – o único interior do filme – cujo teto era removível para se filmar com a luz do sol[17].

Para quem havia criado *Limite* em condições de produção "a prestações", como vimos Peixoto esclarecer, as novas condições são de plena abundância, particularmente para um cineasta estreante que sequer conseguira um distribuidor para seu filme. Afirma-se que a "decisão de não mais exibir *Limite* foi tomada quando a produção de *Onde a Terra Acaba* já estava concluída". E de que se trata o roteiro do novo filme? Vejamos:

> O *scenario* de *Onde a Terra Acaba* foi preservado. O manuscrito e a versão datilografada estão depositados no Arquivo Mário Peixoto. Conta a história de uma mulher que foge para uma ilha selvagem em busca de isolamento e inspiração para um romance. Sua chegada, no entanto, põe em risco o equilíbrio da vida simples da ilha interferindo na amizade entre dois homens. O caso de amor que vive com um deles tira-a do "estado de sonolência", isto é, faz com que ela se encontre a si mesma e desperta-a para a vida – o romance se materializa e torna-se um sucesso – e a história do filme torna-se a história do romance. Carmen aparece como a mulher do destino e o filme realmente se centra sobre ela e seu personagem[18].

Como a tal "história" se transformaria num filme de quem acabara de fazer *Limite*, com narrativa esfacelada sobre um redemoinho de vidas que nem mesmo um mar comporta?

O resultado da parceria é, também aqui, tortuoso. Em dezembro de 1931, a revista *Cinearte* anuncia que a atriz-produtora, Carmen Santos,

17. *Idem*, pp. 31-32.
18. *Idem*, p. 31.

"continuava o filme com outra história", uma "adaptação moderna de *Senhora* de José de Alencar", agora sob a direção de Otávio Gabus Mendes[19]. Meio século depois, em entrevista, Peixoto assim se refere ao ocorrido, ocasião em que reembaralha as datas e o nascimento:

> Eu fiz um segundo longa-metragem, logo após a filmagem de *Limite*, que se chamou *Onde a Terra Acaba*, durante o ano de 1934. Nós o rodamos em Mangaratiba e em torno da Ilha Grande, exatamente onde agora faremos *Salustre*... Naquela época eu tinha apenas quinze anos e, por algumas divergências com a equipe, chefiada por Carmen Santos, acabei interrompendo as filmagens. Eu tenho essa culpa... coisas da mocidade. Para esse filme Edgar Brazil fez fotografias muito mais legais que para *Limite*. Ele havia se desenvolvido muito. Anos depois eu voltei a encontrar a Carmen, ficamos muito amigos, e ela me deu os trechos que havíamos filmado, que agora estão de posse da Embrafilme. Como eram poucos trechos filmados, eu e Edgar fizemos um filme de estudo sobre *Onde a Terra Acaba*, apresentando as diversas tentativas para cada cena. Na época, embora truncado, o filme ganhou o prêmio Mário de Andrade. Eu tenho uma carta do Mário para Manuel Bandeira em que o poeta dizia: "Meu caro Manuel, só pelo título o filme já mereceria ser premiado"[20].

Ainda que fale de "culpa", Peixoto encontra uma maneira de transformar o material filmado em alguma coisa "sua": um "filme de estudo" das "diversas tentativas para cada cena". E que de alguma forma vai cruzar com o autor de *Macunaíma* e o da "Nova Poética". Não pela primeira vez. Ainda em 1931, Peixoto publica, além de contos e de uma peça de teatro, uma edição de autor do livro de poemas *Mundéu*, "que recebe críticas de Octávio de Faria, Pedro Dantas, Manuel Bandeira e Mário de Andrade"[21].

Dois anos depois, em 1933, nos mesmos moldes, publica o romance *O Inútil de cada Um* ("no qual, provavelmente, trabalhava desde 1929 ou 1930"). Aqui, novo conflito com a figura paterna: "Mário Peixoto declarou muitas vezes que seu pai, João Cornélio (o Ataualpa do romance) havia comprado e destruído toda a edição, porque o romance seria muito 'forte' para a época e porque ele, o pai, aparecia no livro de maneira que não lhe agradava"[22].

Retirado em longas temporadas em Ibicuí (litoral da baía de Ilha Grande), possui aí uma cabana. Tem como vizinho Pedro Lima, o antigo colaborador de Adhemar Gonzaga e agora crítico de cinema dos *Diários Associados*, que lhe propõe um novo filme, em 1936. Trata-se do projeto de *Maré Baixa* (antes *Mormaço*). De *Limite* viriam Edgar Brazil e Rui Costa, Mário como escritor/diretor/montador, Pedro Lima como produtor

---
19. *Idem*, p. 33.
20. Matéria do jornal *Folha de São Paulo*, 28.12.1983. In: Jairo Ferreira, "Mário Peixoto, a Música da Luz", *Cinema de Invenção*, op. cit.
21. Saulo Pereira de Mello, "Breve Esboço de uma Cinebiografia de Mário Peixoto", *op. cit.*, p. 35.
22. *Idem*, p. 37.

numa operação que seria "por cotas". Pesquisas de locações foram feitas mas o projeto não vinga, sabendo-se a respeito do roteiro desaparecido que: "Há evidências, contudo, de que era uma forma inicial de *Sargaço*, que posteriormente se transformaria em *A Alma Segundo Salustre*"[23].

Em 1938, nova vontade de parceria com Adhemar Gonzaga (a quem também chamara para associar-se ao projeto de *Maré Baixa*, reacendendo tensões de Pedro Lima com este), para a realização de *Três Contra o Mundo*, projeto que não teve continuidade "por motivos financeiros" e do qual "resta apenas uma sinopse, reconstituída por Mário em 1983 e hoje depositada no Arquivo Mário Peixoto". O reencontro com Carmen Santos, em 1939, enseja um novo roteiro: *Inconfidência Mineira*. O roteiro, entregue a Carmen e hoje desaparecido, não foi utilizado no filme que a atriz-produtora-diretora lança em 1948 com o mesmo título. No pós-guerra, mais duas tentativas com Carmen: a de retomar o projeto de *Onde a Terra Acaba*, que como vimos ficou no "filme de estudo"; a adaptação do livro de Jorge Amado, *ABC de Castro Alves*, que Mário intitulou *Uma Janela Aberta... e as Estrelas*, mas que não seguiu adiante e cujo roteiro, entregue a Carmen, também desapareceu[24].

Em 1947, anuncia-se a produção de *Sargaço*, que teria "supervisão" de Mário Peixoto. Trata-se, como sugeriu-se anteriormente, de uma outra versão de *Maré Baixa*, que outra vez não foi pra frente, transmutando-se em definitivo no roteiro de *A Alma Segundo Salustre*.

Como se pode observar, desde meados dos anos de 1930 tal roteiro vem irrompendo e se desdobrando em títulos de filmes nunca realizados. Quando adquire o título definitivo, *A Alma Segundo Salustre* torna-se o projeto eleito e jamais realizado de Peixoto. Apenas três outros projetos de filmes aparecem em seus escritos: um chamado *A Cidade da Lama*, referido por Mário desde 1948, mas sem roteiro conhecido; um outro escrito em parceria com Saulo Pereira de Mello, em 1964, "adaptação libérrima" de "Missa do Galo" de Machado de Assis, intitulado *O Jardim Petrificado*, hoje no Arquivo Mário Peixoto; e mais um, declarado em 1983, *Um Pássaro Triste*, sem data de feitura nem concreção num roteiro.

As tentativas de filmar *A Alma Segundo Salustre* levam-no às portas da Vera Cruz, fundada em 1950, através de Plínio Sussekind Rocha (encaminhado por Francisco de Almeida Salles). Como vimos lá na Cinédia de Adhemar Gonzaga, na Vita Filmes de Carmen Santos, a Vera Cruz dirigida por Alberto Cavalcanti também não consegue assimilar a concepção singularíssima de cinema de Mário Peixoto. Proposto a Cavalcanti, o projeto de Mário também "não se enquadrava no modelo que ele estava querendo criar para o cinema brasileiro"[25].

23. *Idem*, p. 38.
24. *Idem*, pp. 39-40.
25. *Idem*, p. 41.

De modo que, no final da década de 1950, a "ousadia" do cineasta de um filme só recebe de Alex Viany o seguinte comentário (seguido da "explicação" que Plínio Sussekind Rocha dá, de *Limite*, ao periódico francês *L'Âge du Cinéma*):

> Quando o cinema falado já começava a dominar o mercado brasileiro, registrou-se uma interessantíssima experiência de vanguarda, profundamente influenciada pelas investigações da *avant-garde* francesa, com muito de seu pessimismo e sua morbidez. Quando lançado, *Limite* foi um sucesso de crítica e um tremendo fracasso nas poucas sessões em que se exibiu publicamente. Mas, também, como escreveu Otávio de Faria, tratava-se de "um filme de imagens, sem preocupações sociais. Mostra apenas, relaciona coisas entre si no plano estético, sintetiza emoções. Deixa o público sentir o conteúdo de cada cena. Não é uma obra de pensador, mas de artista. É um filme de arte pela arte". O artista era um jovem diletante, Mário Peixoto, que estudara na Inglaterra e visitara muitas vezes Paris em plena efervescência da *avant-garde* e da revelação do cinema soviético[26].

Com o Cinema Novo, início dos anos de 1960, nova tentativa de aproximação. Mas agora "o mito *Limite*", título do capítulo do livro de Glauber Rocha, estabelece-se de vez e não parará de reverberar décadas adentro. A descrição que Glauber faz de seus encontros com Peixoto é interessante do ponto de vista da difusão da idéia de um "culto ao cineasta", de uma "mistificação de *Limite*", de uma "lenda burguesa", que extrai da citação que faz do artigo de Octávio de Faria. Em tal descrição encontramos:

> Estive com Mário Peixoto duas vezes, ainda apresentado por Brutus. É um homem calado, um tanto tímido, mas simpático. Falamos superficialmente sobre cinema, eu na sensação de estar na presença de um gênio, ele talvez sendo apenas amável com um jovem diretor. De qualquer forma, fiquei com ótima impressão, porque não se trata de um esnobe, como pensava antes: é um homem esportivo quase; o resto, para mim, ainda permanece indevassável.

Reiterando considerações do texto de Viany, que como se viu anteriormente introduz o de Octávio de Faria, Glauber elabora uma crítica-parecer que enlaça de vez *Limite*/Peixoto, tornando-o mais uma vez inassimilável embora "exemplar". Como afirma: "Para o novo cinema brasileiro, *Limite* (pelo que foi dito no depoimento de Octávio de Faria) não pode interessar, a não ser como exemplo. Segundo Octávio de Faria, é arte pela arte, não está interessado em mensagens, é cinema puro. Arte pela arte, cinema puro, é idealismo". E continua com sua filosociologia à la "Rodolfo Mondolfo"[27].

---

26. Alex Viany, "A Infância não Foi Risonha e Franca", *Introdução ao Cinema Brasileiro, op. cit.*
27. Glauber Rocha, "O Mito *Limite*", *Revisão Crítica do Cinema Brasileiro*, Rio de Janeiro, Civ. Brasileira, 1963.

O HOMEM DO MORCEGO

A fixação de Mário Peixoto no projeto *A Alma Segundo Salustre* o leva, ainda, através de um amigo, a pedir financiamento ao Banco Estado da Guanabara, recusado em 1965. Com a recusa Mário se afasta de vez para o Sítio do Morcego, antes mais reservado aos verões, que "passou a absorvê-lo tanto que dizia que aquele lugar, aquela casa, era a real obra de sua vida". Daí por diante, outras tentativas de filmar seu roteiro não faltaram:

1. "Em 1971, chegou a circular que o filme finalmente seria realizado, tendo no elenco Brigitte Bardot. É possível que Mário tivesse alguma promessa de financiamento francês, mas os fatos são nebulosos;"
2. "Em 1982 e 1983 a Embrafilme iria tentar várias vezes produzir o filme, esbarrando sempre nas dificuldades próprias do projeto, que possuía exigências difíceis de serem atendidas – e em uma desconfiança inusitada, que tinha crescido, ao longo dos anos, em relação à sensatez de Mário Peixoto, quanto a essas exigências. Embora exista um orçamento detalhado do filme, arquivado na Embrafilme, nada foi além disso;"
3. "Finalmente, em 1985, Rui Santos, então ligado a uma produtora carioca, interessou-se pelo projeto de *A Alma Segundo Salustre*. Novo fracasso: a dona da produtora exigiu o papel feminino principal, o que contrariava os planos de Mário Peixoto, que recusou" (relembremos a "parceria" com Carmen Santos: gato escaldado...)[28].

Os levantamentos para locações de filmes no litoral sul-fluminense, sobretudo *Limite* e *Onde a Terra Acaba*, puseram Peixoto em contato próximo e cada vez mais intenso com essa região. Um litoral recortado e cheio de reentrâncias, com cobertura vegetal de mata atlântica, tão explorado visualmente em *Limite*, com seus campos vazios obsedantes, suas naturezas mortas ora serenas ora inquietantes, o mar, rio, palmeiras, gravatás, bromélias, árvores cerradas, retorcidas e encarquilhadas...

Foi em meio a essas andanças que Peixoto encontrou o Sítio do Morcego, com as ruínas de uma casa abandonada que lhe provocou a "sensação de quem tocou um fio descapado". Sensação cuja insistência o levará a descobertas inesperadas. Encontrando o sítio no início dos anos de 1930, posteriormente, em 1938, ganha-o "de presente do pai, João Cornélio"[29].

Cerca de quatro décadas depois, Peixoto descreve-nos o "acontecimento", quando mais uma vez embaralha as datas, além de recompor uma terna imagem paterna. Ouçamos:

---

28. Saulo Pereira de Mello, "Breve Esboço de uma Cinebiografia de Mário Peixoto", *op. cit.*, p. 43.
29. *Idem*, pp. 35 e 39.

Em uma dessas férias no Brasil, em 1933, eu estava em um barco, contornando a Ilha Grande, onde tinha ido buscar alguns elementos para a filmagem de *Onde a Terra Acaba*, e como eu achava que jamais voltaria lá, quis conhecer a ilha. Então eu vi uma casa abandonada, completamente em ruínas. Quando eu vi a casa tive aquela sensação de quem tocou um fio descapado; choque puro. Paramos e eu pude vê-la de perto. Quando cheguei em casa comentei com meu pai. No meu aniversário seguinte, meu pai me deu o dinheiro necessário para comprar aquela casa. Nos três primeiros anos eu ainda morava na Inglaterra, então deixei um caseiro lá. Quando voltei ao Brasil, tratei de estudar as escrituras e a história da casa. Foi quando descobri que ela tinha sido construída no século XVII, e então passei a me dedicar inteiramente àquele sítio, até que tive que vendê-lo em 1976[30].

Aí, mais uma vez, observa-se uma espécie de visão por vidência, o "choque puro" de um estado visionário. Não se trata agora da imagem-germe de um filme, imagem que irrompe de uma situação de desterritorialização do autor – a "visão de Paris" ou da "Inglaterra" – mas da sensação de um devir-reterritorialização surpreendente. Do achar que "jamais voltaria lá", sentido pouco antes, ao ser "tocado" pelo "completamente em ruínas", algo se passa nesse entre-tempo. Algo intenso o suficiente para conseguir "o dinheiro necessário para comprar aquela casa". Reterritorializando-se em espaço de tão incomum acesso, o que nele se abre é esse nomadismo insistente que leva a um tempo barroco, que se dobra sobre uma casa do século XVII. E que desdobra outras desterritorializações: a possibilidade de a casa ter sido construída e servido de esconderijo a piratas espanhóis.

Tornando-se o "Homem do Morcego" (curta de Ruy Solberg), construção reverberadora de intensidades (o morcego não "vê", orienta-se por "radar"), Mário Peixoto precipita uma teia de todas essas linhas de espaços incomuns que a obra fílmica, os roteiros, mas também a vida, diagramam: os espaços picotados, as sinuosidades, as reentrâncias, as escadas, o alto e o baixo, o dentro e o fora, a ilha, a praia, o mar. Espaços dos confins, das margens, das bordas, das dobras, do "onde a terra acaba", do "entre" navegar e viver. Daí as imagens desse barco tão obsedante, desses seres tão petrificados em suas bordas, dessas visões tão intensas de um "mar de fogo", de uma última tempestade; imagens de planos tão singularmente transversais que *Limite* em definitivo traça. E que no roteiro de *A Alma Segundo Salustre* não param de se desdobrar: "Em terra de ninguém, num afastado arquipélago, cuja rota e figuração, em cartas geográficas, é inútil procurar, vive um aglomerado de gente, descoberto por César..."[31].

---

30. Matéria do jornal *Folha de São Paulo*, 28.12.1983. In: Jairo Ferreira, "Mário Peixoto, a Música da Luz", *Cinema de Invenção*, op. cit.
31. Mário Peixoto, "Propriamente, o Enredo", *A Alma, Segundo Salustre*, Rio de Janeiro, Embrafilme-DAC, 1983.

Mas é também, e principalmente, de *Limite* ao roteiro jamais realizado de *Salustre*, a questão do tempo, da "noção do tempo – fator primeiro e importante"[32], do "tempo intangível"[33], que só por fulguração se dá a ver, que só por vidência se percebe, é essa questão da temporalidade enquanto devir-acontecimento que não cessa de irromper, se formular e reformular, no pensamento artístico de Mário Peixoto. Para além do limite, da finitude, um deslimite, um intangível que já não é mais da ordem de uma espacialidade a vislumbrar, de um interior ou exterior a traçar, mas de um fora-dentro a sensoriar, fora-dentro que as reiterações da forma-barco e da forma-ilha não param de lançar.

É, portanto, enquanto instauradora de atos de fala lendários, que transpõem fronteiras quando decolam das significações dominantes das falas cotidianas, é enquanto criadora de imagens que sobrepassam os limites do visual, escavando-se desde um visionarismo, que a vida se põe a traçar singularidades artísticas, de artista. E desse modo, o inassimilável, a que tantas vezes reportamos ao devir-cineasta de Mário Peixoto, reverte o seu sinal e recobra sua positividade. A reprodução do *leitmotiv* que vimos acompanhar esse itinerário de artista – o do "não serve ao momento da cinematografia nacional" – revela, então, o que por longo tempo foi uma produção de subjetividade de artista ancorada em vetores identitários. Inassimilável, irreprodutível, singular, o pensamento artístico que Peixoto compõe da "visão de Paris" ao "Sitio do Morcego", de *Limite* ao roteiro não filmado de *Salustre*, imprime-se com a força das obras formadoras, criadoras de forma, experimentais enquanto instauradoras de problemáticas, visionárias enquanto constituídas de intensidades poéticas.

---

32. *Idem*.
33. Texto datilografado de Mário Peixoto em que descreve as quatro cenas "perdidas" de *Limite*, intitulado: "*Limite* (partes que não foram vistas no Brasil)". Hemeroteca Cinemateca Brasileira, 595/33.

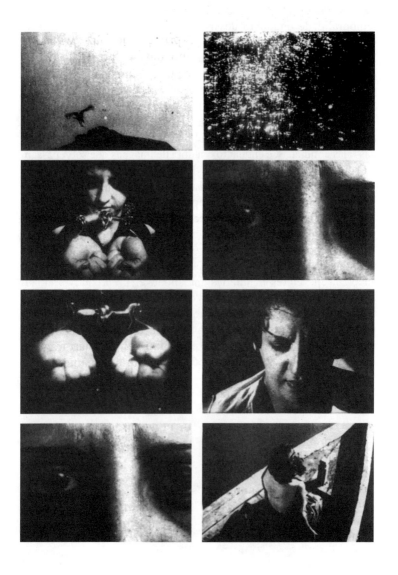

Seqüência da abertura de Limite.

2. Limite e o Cinema da Lepra (Não é Água, é Fogo; não é Fogo, é Vermelho; não é Vermelho, é Luz; não é Luz, é Tempo)

> *[...] Eu vi foi um mar de fogo, um pedaço de tábua e uma mulher agarrada.*
>
> A "visão de Paris", imagem-germe de *Limite*, de Mário Peixoto.

O gesto de Peixoto de ceder "imagem" a Carmen Santos, em *Limite*, é bastante expressivo de uma relação que constitui o cinema desde sempre: o circuito das trocas, sempre dissimétricas e sem equivalências, entre imagem e dinheiro, tempo e dinheiro[1]; sobretudo na condição de atriz-produtora, que era a sua. A devolutiva que ela faz tempos depois, do material do inacabado *Onde a Terra Acaba*, só vem reforçar a dissimetria, duplamente: nas imagens "amortizadas" de seu valor de troca, que retornam sem preço às mãos de seu criador; na sua transformação em "filme de estudo" das diversas virtualidades cênicas que a falta de dinheiro não atualizou, "truncando-as", como ressente a afirmativa de Peixoto.

Talvez faça mais sentido, ou pelo menos reveste-se de um sentido novo, pensar a relação Mário/Carmen a partir desse parâmetro. Isso relativamente à tendência de ver nisso e nos "desentendimentos" seguintes, obra do "destino" que ora traz a "aventura" ora a "amargura"[2]. Tal parâmetro diagrama, com a sinuosidade de suas linhas e traços, com a diversidade de matérias que lhe concerne, uma relação intrínseca do fazer cinema. Nesse sentido, o "excentrismo" de Peixoto, que não poucas vezes carregou-se com as tintas da "insensatez", é bastante rela-

---

1. Gilles Deleuze, "Os Cristais de Tempo", *A Imagem-Tempo*, São Paulo, Brasiliense, 1990.
2. Saulo Pereira de Mello, "Breve Esboço de uma Cinebiografia de Mário Peixoto", *op. cit.*, p. 24.

tivo. Ele é, dessa perspectiva, da relação intrínseca com o dinheiro, bastante característico da "crônica" cinematográfica local. Fazer disto, seja um modo de desqualificação que lança para o extracampo, seja uma mitológica do genial ou banal, reveste-se, como vimos, de um alcance apenas momentâneo, conjuntural. Nada que uma política da verdade, uma política da representação, uma economia política dos signos, não tenha feito, aqui ou alhures.

ENTRE DOIS MODOS DE SER

Detenhamo-nos, agora, no filme *Limite*. Sua imagem germe provém da imagem especular da capa de uma revista (a foto da *Vu*). Imagem germe transcrita em papel de hotel (Bayard), portadora de desterritorialização efetiva (a viagem) e de múltiplas desterritorializações por vir (de linhas de espaço e cristais de tempo) no tecido do filme. Imagem geradora do roteiro que o "menino" expõe à experiência dos "atuantes" (Gonzaga/Mauro), que por sua vez lhe apontam a via do "intransferível", que vem rebater no devir-cineasta de Peixoto. Faz-se *Limite* com a ajuda de múltiplas interferências, do emprestado ao "a prestações", e, finalmente, exibe-se *Limite* naquela que é uma última sessão de cinema (do Chaplin Club). Finalmente?

Vimos como as tentativas de Peixoto para conseguir distribuidor-exibidor para seu filme cessam quando conclui a fase de produção do projeto de *Onde a Terra Acaba*, ainda no primeiro semestre de 1931. A partir daí, *Limite* segue o itinerário restritivo do que chamei de "filme de cineclube": exibições esparsas, público rarefeito, quase sempre de cinéfilos, chegando inclusive a formar o neologismo "limiteanos".

Mas a subtração do circuito comercial lhe dará, em contrapartida, o estatuto do objeto estético que se rarefaz por meio do ato de fala que o põe em circulação, fazendo-o atravessar lugares, contextos, grupos restritos. É assim que *Limite*, não menos que seu autor, torna-se igualmente um poderoso emissor-atrator de lendas, praticamente virtualizando sua existência a partir das raras atualizações que as exibições propiciam. De tal modo que nos cerca de cinquenta anos que precedem sua edição em vídeo, não será exagerado afirmar que o seu modo de ser por excelência foi um virtual. Daí seu enorme poder de instaurar "problemáticas"[3], de abrir e reabrir questões, dobrar e redobrar lances de dados na cinematografia brasileira.

Um breve itinerário desse duplo modo de ser, virtual e atual, até que a restauração e edição em vídeo venham configurar propriamente sua realidade, pode-se montar com a cronologia que segue.

3. Pierre Levy, "O Que é a Virtualização", *O Que É o Virtual*, São Paulo, Ed. 34, 1996.

1. Após a exibição no Rio, a exibição em Londres, em outubro de 1931, com comentários escritos de cineastas atuantes na época (Eisenstein, Pommer, Pudovkin, Tissé) sobre o quê não se deixou de levantar a dúvida (particularmente em relação à crítica de Eisenstein, o mais venerado) de que se tais nomes não eram, de fato, heterônimos de Mário Peixoto.

2. Uma segunda exibição no Rio, "no Eldorado", em janeiro de 1932, descrita como "um acontecimento aristocrático e elegante"[4].

3. Em julho de 1942, "já era lenda" quando Vinícius de Moraes promoveu uma exibição para Orson Welles, com a presença também da atriz Falconnetti (a Jeanne d'Arc, de Dreyer), na sala do Serviço de Divulgação da Prefeitura do Rio.

4. A exibição de 1942 marcou, também, a "reaproximação entre Mário Peixoto e Plínio Sussekind Rocha". O reencontro, que terá impacto inclusive na existência real de *Limite*, teve o significado da aquisição de um espaço para exibições mais freqüentes, feitas com o aval de um exibidor devotado. Sussekind, catedrático de mecânica da Faculdade Nacional de Filosofia, tornou-se o agenciador e intercessor que fez com que *Limite*, desde então, passasse "a ser exibido regularmente na Faculdade"[5].

5. No início dos anos de 1950, forma-se a parceria de Sussekind com Saulo Pereira de Mello:

> Em 1953 "eu acreditava que todas as respostas estavam na ciência e estudava física na Faculdade Nacional de Filosofia, no Rio de Janeiro, onde Plínio Sussekind era professor de mecânica celeste". Foi ele quem iniciou Saulo nas mecânicas do cinema e despertou seu entusiasmo por *Limite*, um filme mudo guardado num armário de parede na casa de Mário Peixoto, até 1941, quando foi apresentado a Orson Welles[6].

6. No final dos anos de 1950, tocou o alarme da ameaça de desintegração irreversível de *Limite*, tendo início os procedimentos que levarão à restauração. Num folheto de exibição (cinqüenta anos) da Embrafilme, ao lado de "sinopse" de *Limite* escrita por Saulo Pereira de Mello, pinçam-se as seguintes informações: "Recuperado por iniciativa de Plínio Sussekind Rocha. Os trabalhos de restauração foram orientados por Saulo Pereira de Mello, iniciados em 1958 e concluídos em 1971"[7]. Mas em matéria jornalística de 1973 (que segue o comentário sobre a exibição para Welles), obtém-se essa outra descrição:

---

4. Saulo Pereira de Mello, "Breve Esboço de uma Cinebiografia de Mário Peixoto", *op. cit.*, p. 35.
5. *Idem*, p. 40.
6. Matéria da revista *Veja*, 11.4.1973, "Mito Restaurado", Hemeroteca Cinemateca Brasileira, 595.
7. Folheto promocional da Embrafilme, "50 Anos de *Limite* – 1931-1981", Hemeroteca Cinemateca Brasileira, D471/1.

Outros dezoito anos de projeção em cineclubes e faculdades inutilizaram o filme de nitrato. "Percebi que a obra ia se perder, numa projeção em 1959", lembra Mello. "Naquela ocasião já não tinha sido possível a apresentação das três primeiras partes". No mesmo dia, Mário Peixoto entregou a Sussekind e Mello sete partes em negativo, oito em positivo estragado e uma autorização permitindo a restauração do filme. O trabalho, porém, só começou em 1961, após muitos manifestos assinados por intelectuais pedindo verbas públicas para a salvação de *Limite*[8].

7. Ainda no final dos anos de 1950, em 1959, vimos como *Limite* aparece no final do capítulo do livro de Viany (capítulo sobre a "infância" do cinema brasileiro), descrito como "interessantíssima experiência de vanguarda". Nesse livro, tenta-se cercar *Limite* com uma dupla referência: a citação de um trecho do artigo que Octávio de Faria escreve quando da primeira exibição no Chaplin Club, artigo visionário e de enorme atualidade, reproduzido na íntegra no livro de Glauber; a reprodução quase integral da entrevista de Sussekind à revista francesa *L'Âge du Cinéma*, em que estabelece uma pista fértil de compreensão de *Limite* (o esquema do tem "um tema, uma situação e três histórias"), frente à indagação da revista sobre se o filme "não seria antes um jogo livre de imagens e de temas, que encontramos em alguns curtas metragens de vanguarda?"[9].

8. Nos anos de 1960, já subtraído das exibições, ganha, em 1963, um capítulo inteiro no livro de Glauber Rocha: "O Mito *Limite*". Descrevendo, entre outras coisas, a frustração de Georges Sadoul por não ter visto "sequer um fotograma" do filme ("quando aqui esteve em 1960"), falando do "pequeno movimento nacional para salvar *Limite*" (em 1961), de Saulo Pereira como "o guardião-mor de *Limite*" e de Plínio Sussekind como "o sacerdote", Glauber também reproduz uma sinistra sensação de Paulo Emílio S. Gomes ("em uma das suas habituais explosões de espanto e humor"), ao indagá-lo sobre o filme: "– E *Limite* existe? Seriamente, não sei se vi este filme ou se tudo isto é uma espécie de sonho obsessivo meu, do Plínio, do Octávio..."[10].

9. Em 1971, Saulo Pereira conclui a restauração quando, "finalmente, pode apresentar a nova cópia aos alunos da Escola de Comunicações da Universidade de São Paulo"[11].

10. Entre 1971 e 1977, Saulo Pereira conclui, e começa a se mobilizar para editar, o seu *Mapa de* Limite, uma "conseqüência direta da restauração de *Limite*". Apresentado a Sussekind pouco antes de sua morte

---

8. Matéria da revista *Veja*, 11.04.1973, "Mito Restaurado", *op. cit.*

9. A reprodução completa da entrevista de Plínio Sussekind Rocha está em "Mário Peixoto e *Limite*"; Hemeroteca Cinemateca Brasileira, D471/5. Além de reproduzida quase na íntegra em Alex Viany, *op. cit.*

10. Glauber Rocha, "O Mito *Limite*", *Revisão Crítica do Cinema Brasileiro*, *op. cit.*

11. Matéria da revista *Veja*, 11.04.1973, "Mito Restaurado", *op. cit.*

(1971), este o declarou "quase tão importante quanto o filme". O *Mapa* é, sem dúvida, um esforço monumental de duplicação da existência real do filme: além do celulóide, a materialização de seus *takes* (a partir da seleção do conjunto significativo de fotogramas de cada *take*) em papel fotográfico. Não um roteiro, mas um "mapa" de imagens, mapa de um filme como se diz de partitura de uma música, uma "partitura cinematográfica". Imagens que, transmigrando para um suporte fotográfico, reunidas em livro, vêm igualmente duplicar as funções do filme: algo para ser visto e para ser "lido". Concebido e desenvolvido como um modo de "ser um sucedâneo da impossível posse do filme por todo o interessado", já que o "vídeo-cassete parece ser uma promessa, mas certamente não será uma realidade tão cedo", o surgimento da nova tecnologia, pouco depois das palavras de Saulo, nem por isso invalida ou amortece o esforço e o valor de tal trabalho. O *Mapa* é editado em livro, com prefácio de Octávio de Faria (quando tem-se nova reprodução de trechos do artigo de 1931), pela Funarte, em 1979[12].

11. Em 1975, *Limite* e Peixoto são objetos do curta do fotógrafo-cineasta Ruy Santos, *O Homem e o Limite*.

12. Em 1977, o cinema em espelho de Júlio Bressane ("cinema do cinema") incorpora *Limite* em seu tecido, com o filme *A Agonia*, ponto de inflexão para novos vôos em sua filmografia. Mais do que isso, daí pra frente, sobretudo nos anos de 1980, *Limite* torna-se, no pensamento cinematográfico de Bressane, "baliza" constitutiva do "experimental no cinema brasileiro", "estaca fundadora" de um "cinema de poesia"[13].

13. A partir de 1977, as exibições de *Limite* multiplicam-se (inaugura-se, observa irônico Glauber, uma sala da Funarte com sua projeção), com o filme atravessando os momentos áureos da "redescoberta" (para uns, para a maioria é descoberta). Em artigo de 1978, é um Glauber renitente e reconhecedor quem escreve:

Finalmente vi *Limite*, lendário filme de Mário Peixoto realizado em 1929-1930 – e sinto que Paulo Emílio Salles Gomes não esteja vivo para comandar os debates... No meu livro *Revisão Crítica do Cinema Brasileiro* (1963) julguei *Limite* produto de intelectual burguês decadente: hoje penso a mesma coisa, compreendendo a *dialetyka* revolucionária gerada pelo sistema reacionário.

Mesmo assim, destaca: "*Limite* é 'revolucionariaula' de Montage pra tantos *kyneaztas* incompetentes"[14].

---

12. Saulo Pereira de Mello, *Limite, Filme de Mário Peixoto*, Rio de Janeiro, Funarte-Inelivro, 1978.
13. Ver Francisco Elinaldo Teixeira, *O Cineasta Celerado: A Arte de se Ver Fora de Si no Cinema Poético de Júlio Bressane*, tese de doutorado, Depto. de Sociologia, FFLCH-USP, 1995. Júlio Bressane, "O Experimental no Cinema Nacional", *Alguns*, Rio de Janeiro, Imago, 1996.
14. Glauber Rocha, "Limite", *Folha de São Paulo*, 03.06.1978, Hemeroteca Cinemateca Brasileira, 595/15.

14. Em 1979, *Limite* torna a atravessar as fronteiras locais (como em 1931), indo "impactar" em Nova York e e desdobrar seu lendário itinerário e de seu autor. O jornal *The New York Times* assim comentou:

> Imprensado entre catorze filmes da série Novos Diretores, do Museu de Arte Moderna, *Limite* parece uma anomalia. É o primeiro filme de vanguarda feito na América Latina, por um *teenager* brasileiro, ao voltar de Paris. Embora *Limite* tenha sido favoravelmente criticado por Eisenstein e bem recebido por cineclubes do Brasil e da Europa, em 1940 o introvertido Peixoto retirou seu filme de circulação. Este trabalho legendário foi restaurado apenas agora, e finalmente é mostrado nos EUA[15].

15. Em 1980, *Limite* e Peixoto são, outra vez, objeto do curta *O Homem do Morcego*, de Ruy Solberg.

16. Em 1981, limite completa meio século, ganhando "comemoração" da Embrafilme e tornando a ganhar mundo: "50 Anos de *Limite*: 1931-1981". No folheto do acontecimento, Saulo Pereira de Mello, com homenagem também "para Plínio Sussekind Rocha e Octávio de Faria, limiteanos", repassa o esquema de Sussekind ("um tema, uma situação, três histórias") para em seguida situar *Limite* no âmbito da "tragédia cósmica universal". Conclui, depois de considerações sobre seu caráter "fundamentalmente brasileiro", com essa sinuosa imagem do extemporâneo: "*Limite* está em casa em qualquer parte do mundo – como esteve em 1931 no Rio, durante anos no Salão Nobre da Faculdade Nacional de Filosofia, na Sala Funarte, no Museu de Arte Moderna de Nova York – e agora em Berlim e no Lido de Veneza. E como estará daqui a muitos anos em qualquer parte do mundo em que for projetado"[16].

17. Em 1988, em pesquisa da Cinemateca Brasileira junto à crítica de cinema, *Limite* é escolhido como "o melhor filme brasileiro de todos os tempos"[17].

No percurso que se acaba de traçar, observa-se como *Limite* passa de um modo de ser virtual a um atual (de uma ausência a uma exibição), e daí a um real (uma restauração que o põe em ampla circulação), num circuito espesso de problemáticas que abre e de resoluções que tornam a lançar novas questões. Trata-se, nesse caso, das intensidades do objeto estético que ganha autonomia de seu criador, rolando como bloco de sensações (perceptos e afectos) em sua mais pura extemporaneidade. É por conta dessas intensidades que constitui lenda. É tão somente porque descolou-se dos biografemas, das percepções vivi-

---

15. Matéria do *Jornal do Brasil*, 02.05.1979, "O Impacto de *Limite* nos USA" (Beatriz Schiller), Hemeroteca Cinemateca Brasileira, D595/23.
16. Folheto promocional da Embrafilme, "50 Anos de *Limite* – 1931-1981", *op. cit.*
17. Saulo Pereira de Mello, "Breve Esboço de uma Cinebiografia de Mário Peixoto", *op. cit.*, p. 45.

das e afecções sofridas, da experiência e do vivido por seu autor, que pode fazer proliferar tantos atos de fala que o constituem como lenda. Atos de fala que não param de instaurá-lo como acontecimento, irrupção "entre" camadas sedimentadas de uma cinematografia.

Limite vem lançar, assim, do fundo dos anos 1929-1931, na passagem do mudo ao sonoro, atravessando a fronteira entre o "cinema clássico" e o "cinema moderno", questões que estão longe do esgotamento, de enorme atualidade em função das antecipações que sinaliza.

VÊNUS DE MILO NÃO-RECONCILIADA

E como Mário Peixoto "viu" tudo isso? "Eu sinto que o filme não foi feito por mim", é uma resposta cortante que dá à atualidade do "mito restaurado". Além da "passagem do tempo", que diz não "sentir", embora também diga que "eu mudei muito desde que o fiz", seu desligamento se deve, conforme explica, a "uma angústia muito grande (de) assistir a uma obra como *Limite* truncada". Apelando ao restaurador de *Limite*, Saulo Pereira, para a refilmagem das "cenas faltantes", este devolve: "Seria como você querer colocar os braços na Vênus de Milo, é o que ele me respondeu"[18].

Mário Peixoto encontra um jeito, não de reconciliação com a obra truncada, mas de lançar *Limite* novamente no campo de uma virtualidade. Duplica, então, seus modos de ser de uma maneira bastante interessante: ao real da cópia restaurada acrescenta o virtual de um filme jamais visto no Brasil. E como procede?

Através de "nota explicativa", datada de 01.03.1980 (Angra dos Reis), "tirada de velhos manuscritos em avançado estado de decomposição e adaptada ao atual em que novamente o ponho de pé", Mário reconstrói o "seu filme": "*Limite* (partes que não foram vistas no Brasil)", é o título que dá ao material que recupera[19]. E que filme é este? Peixoto remete-nos, de novo, lá para a primeira exibição do filme, trazendo-nos novos dados.

1. Na verdade, a "apressada exibição" no Chaplin Club, por razões de agenda, foi realizada com um "incompleto copião por iniciativa de Edgar", um copião que não era "definitivo".

2. Fica meio confuso se houve alguma troca de materiais no ato de remessa, mas o que se conclui é que um copião incompleto ficou no Brasil, enquanto uma "cópia íntegra e negativo total (foram) enviados

---

18. Matéria do jornal *Folha de São Paulo*, 28.12.1983. In: Jairo Ferreira, "Mário Peixoto, a Música da Luz", *Cinema de Invenção*, *op. cit.*
19. Texto datilografado de Mário Peixoto em que descreve as quatro cenas "perdidas" de *Limite*, intitulado: "*Limite* (partes que não foram vistas no Brasil)", *op. cit.*

para os Estados Unidos como donativo ao Museu de Arte Moderna de Nova York". Por uma série de razões (mudança de clima, início de atividades do Museu, má-conservação em porões etc.) esse material perdeu-se definitivamente.

3. Desse modo, a cópia restaurada por Saulo Pereira tem como "matriz" o "copião incompleto" que aqui ficou. A restauração, como se sabe e pode-se ver no filme que circula, não conseguiu salvar esse copião integralmente. O que desdobra – *incompleto do incompleto*.

4. O que Peixoto faz é, assim, tentar completar "o aludido copião do Edgar", com as seqüências que nele estavam subtraídas. São quatro ao todo, distribuídas, uma na abertura do filme e as outras três da metade para o final.

Quero propor, aqui, considerar esse filme virtual um intercessor do filme realmente existente. Ou seja, abrir novas fendas no real, que aqui é dado "incompleto", não com o objetivo de completá-lo, mas no sentido de produzir interferências nele com tais seqüências, abrir espaçamentos "entre" o seu tecido. Ao recuperar, no plano da escrita, essas seqüências, Peixoto, de fato, lança esse desafio de um filme virtual, filme suspenso entre palavras e imagens que um ou outro vestígio atualiza. Desse modo, torna-se secundária a sua realidade (ou não) de filme jamais visto no Brasil, ganhando importância o aspecto de como através dele o autor amplia, prolonga, desdobra, reproblematiza, as questões que o absorviam. O filme virtual pode, assim, ser tomado como o filme que resistia mesmo quando era feito, mesmo com o filme real se fazendo. Para além de incompletude ou disposição de completar, trata-se do excesso de sentido que investe toda criação.

Sussekind achou e propôs uma maneira sintética de adentrar nas matérias de *Limite*, embora também reconheça que pode ter exagerado nas tintas do "cerebral". O desencadeante, viu-se, foi a pergunta sobre ser ou não *Limite* "um jogo livre de imagens e de temas" que se encontra em "alguns curta-metragens de vanguarda". Monta, então, o seguinte esquema explicativo: há no filme "um tema geral", a finitude com "sede de infinito" frente ao cosmológico; há "uma situação", a do barco náufrago com seus três passageiros inertes; há "três histórias", as das vidas desses passageiros que se encontram no barco.

Tal esquema, sem dúvida, é eficaz como pista para adentrar no filme, funcionando como uma espécie de fio tripartido que se lança sobre as matérias "livres" e que suspende um todo. Todo que, no entanto, resiste à sua formação, pondo-se continuamente em fuga nos cristais líquidos que compõem esse "mar de fogo". Se há algo de "cerebral" aqui, talvez seja mais da ordem da recomposição de um todo, mesmo que aberto, quando o desafio é desdobrar o todo-aberto num "fora". Nesse sentido, *Limite* é cerebral sim, como toda criação, enquanto afrontamento do caos por um cérebro-pensamento. Afrontamento que se dá no plano do abrir fendas, do espaçamento que faz irromper novas matérias, operando como um lance de dados. Entre essas ("três") vidas que aí se debatem e se paralisam, várias outras emergem e atravessam a cena, muitas vezes só com o detalhe de um corpo parcial que logo se esfuma. Essa situação de vidas náufragas, situação óptica por excelência quanto mais paralisadas as vidas se encontram, constitui tão só o circuito mínimo de um atual que vem repartir outras tantas temporalidades.

Limite é, desse modo, um filme de intensidades, de múltiplas intensidades, sempre a nos lançar para fora de alguma "história", truncando suas possibilidades. É o caso de restaurar aqui, também, um aspecto precioso e atualíssimo da elaboração de Octávio de Faria: o de que *Limite*, "mesmo quando narra", o que narra são "estados de momento", são "estados de espírito", são "situações-pretextos" que fazem reverberar "acordes", "rimas", "ritmos". Ora, ao destacar os "estados de espírito" como o que constitui *Limite*, para além de um contar história característico de uma arte da representação, Faria o que faz é situá-lo no campo das intensidades de um "cinema de poesia", da "poesia do cinema", de um "cinema da crueldade", que na mesma época Artaud lançava como problematização a um cinema que se diluía numa arte da representação.

Para Artaud, o poder subversivo dessa nova máquina de visão se fazia sentir no investimento dos temas "excessivos", "extraordinários", na ênfase dos "estados culminantes da alma". Expunha-se ao desencadear um completo "transtorno da óptica, da perspectiva, da lógica", atuando "diretamente sobre a matéria cinza do cérebro". Nesse sentido, o cinema era já máquina de pensamento que "não conta uma história, mas desenvolve uma seqüência de estados de espírito que se deduzem uns dos outros como o pensamento se deduz do pensamento, sem que este pensamento reproduza a sucessão razoável dos acontecimentos"[20].

Portanto, esse aspecto da análise de Octávio de Faria vem situar *Limite* numa genealogia que é, já, a do cinema moderno. Isso porque as proposições artaudianas atravessam décadas, vindo-se infletir nas elaborações de Pasolini a respeito de um "cinema de poesia", assim como na síntese recente operada pelo pensamento de Deleuze (particularmente no conceito de uma "imagem-tempo"), constituindo um solo fértil de questões de todo um cinema do pós-guerra[21].

Operemos, agora, com as interferências do filme virtual no filme real. O *Limite* restaurado abre com clareamento da tela e o título do filme que avança em primeiro plano, suas letras tem a consistência da

---

20. Antonin Artaud, "El cine y la abstracción"/"La concha y el reverendo", *El Cine*, Madrid, Alianza Editorial, 1982.
21. Francisco Elinaldo Teixeira, *O Cineasta Celerado: A Arte de se Ver Fora de Si no Cinema Poético de Júlio Bressane*, op. cit.

forma que vai se liquefazendo. Seguem-se os créditos, da fotografia ao elenco, com escurecimento, tela preta. Novo clareamento, surge a primeira imagem do filme: um plano aéreo de uma elevação rochosa, com urubus pousando sobre algum chamariz. Passa-se dessa imagem para uma composição da foto de capa de revista, vista em Paris. A "visão" que tal imagem suscitou dá-se a ver aqui apenas em parte, o "mar de fogo" (mar cintilante), completando-se no final do filme. A passagem entre imagens é feita com fusão que traz, em fundo preto, o rosto da mulher com as mãos algemadas à sua frente. Novas fusões decompõem essa imagem, introduzindo a "visão": primeiro é o plano só das mãos algemadas (longo), que se funde a seguir com um *close* dos olhos, momento em que mãos e olhos se indiscernem; a seguir o *close* dos olhos funde-se e dissolve-se num longo plano do mar cintilante; repete-se a operação ao contrário, do mar ao olhos, dos olhos ao rosto e deste ao barco.

O filme virtual mantém toda essa seqüência das primeiras imagens, dos urubus ao barco, alterando por completo a abertura. Peixoto nos dá dela o seguinte diagrama: clareamento da tela, com "uma enorme onda vertical" a atingir as alturas e "despencando" sobre um "mar agitado"; enquanto vai "raspando o íngreme de uma granítica muralha de costeira", a "câmera lenta" presencia o desfazer-se da onda sobre a muralha, até decompor-se a massa líquida em "ínfimas partículas", atomizar-se ("como se em um laboratório intencional"), com um "rebrilho intenso" de uma rendada e oceânica "cortina". Ao escorrer totalmente as gotículas, a "rocha à pino" vem desvendar "o reproduzido de três sombras na pedra", "três personagens ali estampadas" ("um homem e duas mulheres, assim recortados"). As três sombras compõem um plano "de um outro granito seco" que vem inserir-se, "sempre por fusões", na "rocha lavada". Por três vezes os dois blocos de imagens (a enorme onda e as três sombras na pedra) se reinteram na tela, mudando "ao arremessar-se na quarta investida". É quando aparecem o título e os créditos, repetindo-se o procedimento do subir e descer das ondas ("aumentadas no ritmo e intensidade"), só que agora ao invés das sombras são os letreiros, "como que entalhados no granito", que surgem. Ao final do sexto arremesso, o último letreiro funde-se com a primeira imagem do filme (dos urubus).

O único "vestígio" dessa abertura é uma foto onde se vê as três figuras estampadas na pedra, em plano inclinado[22]. Tomemos seu aspecto de raridade. Essas imagens são as únicas que reúnem os três personagens em "terra", sustentados em sua postura vertical que já se expõe cediça, uma vez que só os vemos reunidos no barco e aí não param de curvar-se (corpo deitado, sentado, mergulhando). Além dis-

---

22. Foto publicada em Helena Salem, *90 Anos de Cinema – Uma Aventura Brasileira*, Rio de Janeiro, Nova Fronteira, 1988.

so, são também sombras de imagens, lâminas, chapas, estampadas na rocha sob pressão, pressão a seco pois quando se dão a ver a última gota líquida já se evaporou. Dois vetores, duas forças, aí se imprimem: um que pressiona para baixo, o outro que comprime contra a rocha. A ambiência construída é, eminentemente, tectônica (da superfície para dentro), evocando o movimento de camadas subterrâneas. Mas é como se a rocha que aflora à superfície, expondo o que restou de personagens lançados para fora de campo, também interagisse com dois outros meios: o líquido que a banha e o solar que a seca. De modo que nessa interface de vários meios, apenas uma pálida figuração do humano persiste, mas já não resiste na paralisia que o "estampa" na rocha.

Construída desse modo, enquanto imagem rarefeita de uma presença que se evadiu, essa seqüência de abertura que o filme virtual lança, seqüência que traça a complicação de um começo (estético) de mundo, expõe alguns traços marcantes e reiterativos de *Limite*: as situações ópticas que vêm ocupar o lugar de ações que se rarefazem até a total imobilidade, a tendência de expulsar os personagens para fora de campo, a grande proliferação de naturezas mortas e espaços vazios, quando os exteriores desertos e as paisagens da natureza tornam-se imagens obsedantes. É possível, enfim, já vislumbrar aí o enunciável de inquietações cosmológicas (o fator limitante de uma "prisão à Terra") que o filme, efetivamente, rebate.

As primeiras imagens de *Limite* traçam o estado de espírito de quem "viu" e foi afetado por algo muito grande e intenso: "um mar de fogo" que se interpõe no *close up* dos olhos, imagem perceptivo-afetiva que se descola das mãos algemadas (signo de imobilidade). Atinge-se o barco por fusões e por cortes secos, quando então constrói-se o estado de náufragos: mulher na proa, sentada, imóvel; homem com remos, sentado no meio, curvado; mulher desmaiada na outra ponta, no fundo do barco. A gesticulação, quando há, é maquinal, apenas interrompida pelo corte no dedo (mulher 1) que lava e mistura o sangue com a água do mar. As naturezas mortas (plano do remo tocando a areia) e campos vazios (paisagem de mar com linha do horizonte) já se interpõem. Tal estado culmina com um longo plano de uma natureza morta composta com a borda do barco e mar. Dessa situação lança-se o vetor do primeiro fragmento de vida (mulher 1).

O traçado que aqui se forma é: prisão/rua/estrada/trem/casa/rua/trem/barco. A câmera não hesita em largar a personagem, entregando-se à visão da paisagem; além disso, as naturezas mortas proliferam (cena da costura). A volta ao barco precipita uma imagem de contingência do extra-cinematográfico, a ruína que o tempo imprime nas coisas, irreversivelmente: "este letreiro está sendo projetado em lugar do trecho de *Limite* que ficou definitivamente perdido e onde se via o homem 1 socorrer a mulher 2". Com a mulher 2 agora sentada, a câmera repassa o estado de náufragos: plano do mar, do balde vazio no fundo do barco, das mãos tocando o outro corpo que resiste e afasta (mãos de Taciana, ombros de Raul), de um peixe fora d'água com guelra ainda pulsante. Dessa situação lança-se o vetor do segundo fragmento de vida (mulher 2).

Antes de a personagem entrar em campo, vindo da praia com seu cesto de compras, a câmera conduz-no num excurso pela pequena cidade (já de posse de signos de modernidade). É quando começa a sair dos eixos: primeiro é um plano do casario visto deitado; a seguir as imagens do extraordinário que intercepta o cotidiano – planos de um chafariz que avança lançando jorros d'água (logo após um singelo plano de galinhas ciscando no fundo de uma rua de terra); vem, então, os balanços e corridas da câmera sobre os telhados, com imagens de texturas que por vezes se apagam num borrão. A personagem começa a aparecer em quadro.

O traçado que enceta é: praia/rua/casa/rua/estrada/rochedo. Do alto do rochedo, num cúmulo de desespero da personagem, a câmera abole completamente o eixo, operando circunvoluções de 360 graus sobre a paisagem. Quando retorna à personagem, vem escavar e desdobrar um outro fragmento de vida: do pianista de cinema (Brutus Pedreira), notívago, apanhado nos becos e duplicando-se em sombras.

A figura do pianista irrompe entre duas superfícies cristalinas, rodeadas pelo sombrio e opaco: um mar cintilante e um copo de cristal. Entre o brilho intenso e ofuscante de ambos os meios, o pianista é recortado (mão sobre o piano, rosto de perfil, pés maltrapilhos), fundindo-se depois os planos do copo e do mar. Aqui há um jogo intenso de sombras, de claro-escuro, que num dado momento precipita as telas branca e preta. A imagem que da tensão emerge é a do próprio cinema, cinema do cinema, cinema em espelho, com o filme de Chaplin (*The Adventurer* [1917], traduzido por *Carlitos Encrencou a Zona*) focado na fuga do prisioneiro. Uma série de planos curtos (*close ups* nariz-boca) expõe duas reações da platéia: o riso tenso e escancarado e o sono (planos do rosto de Edgar Brazil, que dorme com palito entre os dentes).

O retorno ao barco se faz com um plano (orelha, pescoço e dorso) do próximo fragmento de vida (homem 1). Antes de lançar-se de volta à terra, a câmera expõe-nos um esboço de reação dos náufragos: Olga toma o remo nas mãos e tenta, por várias vezes, fazer o barco sair da inércia. Inútil! Uma fusão da mão de Raul girando os gravetos (a forquilha que monta e remonta com eles é das raras reações que esboça) com uma paisagem de praia-mar, afasta novamente da pura situação óptica do barco.

A primeira relação que vemos o personagem estabelecer é a do caminhar juntos, acoplada com o dar as mãos. No caso das duas mulheres, as situações que iniciam quando suas imagens abrem o espaçamento barco-terra são: a primeira, das grades da prisão à fuga; a segunda, da atividade cotidiana que inicia com o cesto vindo da praia, à casa e logo para fora dela. Ora, a situação exasperante do barco que põe os corpos na postura sentado-curvo, ao lançá-los no outro estrato arqueológico das vidas, os faz retomar de imediato uma verticalidade que os põe a caminhar, perambular, ir-voltar e tornar a ir, de forma não menos exasperante. O que acontece é, então, uma reversão de linhas: a vertical vai se curvando nos fragmentos descritos até o ponto em que a rarefação da ação, o não poder mais agir ou reagir, o cessar do movimento, indiscerne-se da situação do barco. Aí os corpos encurvam de vez.

A descrição do seguinte fragmento de vida é dos mais estratificados. Em relação à mulher 1, mal se esboça um vínculo relacional (com o guarda da prisão), rapidamente desfeito; com a mulher 2, a escavação de um vínculo primeiro expõe uma ruptura (contraponto das alianças na escada), descendo depois ao que pode ter sido o momento de um primeiro encontro com o pianista (entre o mar e o copo). Raul vem duplicar os estados de vínculos, partindo de um atual que estratifica os vetores: um que leva ao cemitério-túmulo, quando se monta um quadrilátero relacional que mergulha em lençóis de passado e presente; um outro que se lança de uma revelação feita no cemitério.

A seqüência do cemitério opera uma síntese, melhor dizendo, monta um novelo de linhas quebradas magnífico. É aí que dois triângulos amorosos, do passado e do presente, se erguem; é aí que o próprio cineasta (lembremos da primeira decisão de ser ator) duplica-se em personagem; é daí que os dois personagens, emaranhados nos fios das duas mulheres (a quase invisível e a morta), se lançam num completo esfrangalhar dos territórios, quando o chão literalmente cede e o corpo desmaia. Isso tudo catalisado nos três únicos intertítulos do filme, no mais rarefeito ato de fala para ser lido (dupla função do olho) que um filme mudo, feito quando o sonoro já era realidade, pode dar[23]. Ato de fala que, comprimindo ainda mais, pode-se sintetizar numa palavra: LEPRA!

Tal ato de fala funciona como uma espécie de precipitado condensado de todo o não-dito (todo o não-lido), de tudo o que há de rarefeito, tudo o que não se mostra ou só se dá a ver em parte, em *Limite*. Nesse sentido, por via dessa intensidade, é um ato de fala do qual se pode dizer que já enceta uma migração do lido para o ouvido. Mas mais que ato de fala ouvido que prolonga e enlaça o visual, reiterando-o numa remissão (condição do ato de fala no início do cinema sonoro), tal ato já expõe, embora na compressão máxima de um fragmento, o ato de fala instaurador de lenda; ato de fala fabuloso, sustado do cotidiano, expressivo, que vem diagramar a autonomia do sonoro (da imagem sonora) em relação ao visual (a imagem visual), no cinema moderno.

---

23. Para Octávio de Faria tais intertítulos são dispensáveis, como dispensável seria a destruição final do barco pela tempestade. Ver: Saulo Pereira de Mello, "Prefácio", *Limite, Filme de Mário Peixoto, op. cit.*

A duplicação cineasta-ator, sobretudo como emissor da revelação, é aqui formadora de sentido. Através dessa duplicação, por entre a dupla função, Peixoto expõe-nos o enunciável de um conceito: o do cinema como "peste", o do cinema é "lepra", do cinema da lepra, em similitude com a emissão artaudiana de um "teatro como peste", de um "cinema da crueldade".

Retomando os fios do pensamento de Artaud, que há pouco lançamos, suas elaborações conceituais sobre a "crueldade" como intensidade carregada característica da arte, do pensamento, começam a se desenvolver de sua experiência de ator (de teatro e cinema) e roteirista de cinema, particularmente do meio para o final dos anos de 1920 (seu roteiro, *La Coquille et le Clergyman*, assim como o filme que Germaine Dulac fez a partir dele, são de 1927), desdobrando-se com os textos do início dos anos 30 sobre o "teatro da crueldade". Esclarece nesse momento (àqueles que recortam a significação dominante da palavra: "sadismo", "sangue", "horror") que a crueldade "não é algo que acrescentei a meu pensamento, ela sempre viveu ali". Enquanto afecção do pensamento por si próprio que desafia o caos, afastando-se do mundo das opiniões (o dominante, o regular, o normal, o consensual, o natural), afirma que crueldade é "rigor, aplicação e decisão implacáveis, determinação irreversível, absoluta"; que ela é "apetite de vida", "turbilhão de vida", "dor fora de cuja necessidade inelutável a vida não consegue se manter"[24]. O que as elaborações de Artaud visam é o esgotamento e paralisia da linguagem nas significações dominantes, nas reiterações cumulativas de uma abstração representacional que subtrai a coisa, afasta o mundo, produz uma ruptura de vínculo com ele. Daí o plano das intensidades, do excessivo, do extraordinário, dos estados alterados, do espírito em sua cumulação, da crise e do transe, como plano que a arte-pensamento traça para desabstrair o mundo, para repovoá-lo de novos sentidos e combinatórias de um devir-mundo.

Assim, crueldade-peste-lepra, mais que metáfora de doença, da "doença como metáfora" (o "como se fosse" da ordem da representação), constitui uma imagem do pensamento, dele enquanto afecção de estados incomuns que vêm revirar as camadas estratificadas de um mundo cotidiano. Não para abrir o espaçamento do ordinário e extraordinário, instaurador de transcendência, mas expô-lo numa imanência, numa interface.

Falar, portanto, de um *cinema da lepra*, em Mário Peixoto, com esse sentido de um pensamento que se lança na vertigem; vertigem do movimento que estanca, da ação que se interrompe, do sensório-motor que se quebra, com personagens-sombras (sombras de personagens no sentido do prototípico, do atípico, que não encetam "histórias", mas

---

24. Antonin Artaud, "Cartas sobre a Crueldade", *O Teatro e seu Duplo*, São Paulo, Max Limonad, 1985.

fragmentos de vida) lançados em sua impotência de agir. Impotência que transforma em maquinal ações que se rarefazem, ao ponto de fazer surgir a indagação constitutiva de uma situação óptica: o que há para ver?

É após a cena do cemitério, quando a câmera revira de modo contundente (planos da mão-dedo apontador e do recorte da terra, articulados à expressão agressiva do rosto) o estrato tectônico da habitação dos mortos, que o segundo inserto do filme virtual vem abrir mais uma fenda no filme real. Na seqüência desta cena, logo depois do ato de fala que põe a ecoar o "é morphética", uma fusão põe o personagem do ator Mário Peixoto, ainda com a expressão violenta, no interior do barco, projetado sobre as costas de Raul. Uma nova fusão traz de volta ao cemitério. Pode-se ver aí um procedimento de "contaminação" de sentidos: terra/barco, barco/filme. Os dois personagens iniciam, partindo do cemitério, uma perambulação-corrida que, menos que traçar um espaço definido e qualificado, o que traça é um dos mais intensos estados alterados de espírito. No filme real o personagem de Peixoto-ator, após um plano da chuva caindo sobre o túmulo, põe o chapéu e sai rápido. Raul o segue até que ele suma no fundo de uma estrada íngreme. Aqui entra mais uma "cena faltante".

Peixoto acrescenta, antes de descrevê-la, mais um dado extra-fílmico: o de que tal cena é "parte que se completava na película terminada que seguiu para Londres e depois vista em Paris" (o filme visto por Eisenstein, Pommer, Poudovkine, Tisse?) E que cena é essa?

Gritando (Raul) um pelo outro estrada adentro, os dois personagens "atingem uma ponte negra que se atravessa numa garganta rochosa (existe *still* dessa cena)". Ou seja, Raul consegue alcançar Peixoto. Nesse momento, Raul "estaca" enquanto Peixoto "continua até o infinito (o céu encontra-se com o chão da estrada, aí) que parece ser a beira de um abismo". Tal personagem, "nesse *Limite* visual, desaparece de cena por fusão que a elimina". Raul

avança então até à beira desse horizonte. Câmera avança e, em meio ao caminhar, a imagem do homem também, por sua vez, se desvanece por fusão eliminatória da personagem, deixando no campo da objetiva apenas a ponta – o espaço branco – o abismo que enfim aparece e se descortina com o impulso da objetiva, cedendo então a visão do mar no extremo final desse lá embaixo, que até então era apenas sugestionado pelo ângulo fotográfico – mas não se via realmente.

Daí seguem-se as imagens, intensamente afectivas (primeiros planos do rosto, *close ups* da boca), de Raul gritando-chamando.

Abrindo um espaçamento entre o início da busca e os contornos desesperados que ela tomará (até o desmaio de Raul), tal bloco de imagens opera um primeiro nível de aferição, de inventário de efeitos, das intensidades, das reverberações, dos ecos e afecções, que a emissão do "pestilenta" produz. Aqui, personagens e situações concorrem na construção de várias interfaces: a de uma precipitação, trágica, das triangulações amorosas; a de um "limite visual" que subtrai (faz desaparecer) os personagens; a de uma composição em abismo em que, no plano visual, uma natureza-morta ("ponte negra") lança-se num campo vazio (a "visão do mar no extremo final desse lá embaixo"). O "espaço branco", o grande "abismo", o "lá embaixo", como precipitação de personagem, precipitação daquilo que a ele ainda remete (a natureza-morta) e, finalmente, precipitação disso tudo no grande meio líquido do oceano, no enorme campo vazio que dá a ver o que seria a visão de um mundo antes do homem, na ausência dele, sem o homem, para além dele.

Na seqüência desse "limite visual", Raul torna a aparecer. Os planos de seu rosto aos berros, os *close ups* da enorme boca que invade a tela, os avanços da câmera sobre ela, os chicotes e panorâmicas rápidas que abolem distâncias e paisagens, tudo isso produz uma espécie de "estridência" da imagem que já não cabe mais num cinema mudo. Extenuado, Raul primeiro cai diante da câmera, recompondo-se e indo dar na ponta de um embarcadouro, com um pequeno barco ancorado. Aí é tocado no ombro por uma mão que entra em quadro, depois de um plano de pés femininos. É o devir-atriz que Carmen Santos solicitou a Peixoto que fosse um intercessor. Carmen, insinuando-se para Raul com o pedaço de carambola que morde, é "aparição" extemporânea de mulher quando o homem procura por outro homem, que remete a outra mulher que a "lepra" já expulsou há tempo do quadro. Carmen torna-se, assim, uma fonte frustrada de informação para Raul.

Ele dá as costas e reinicia a enlouquecida busca, quando a câmera produz várias agitações do extracampo e cortes com tela preta (a cancela que se abre e o preto que se interpõe). Finalmente, depois que a mão distende ao máximo o fio de arame farpado, seu corpo desfalece diante da câmera, apaga-se no plano de um pé "de bruços". Mas isso ainda não é suficiente enquanto imagem de um chão que cede, de uma verticalidade que desmorona. A câmera diagrama uma curvatura, um encurvamento (180 graus), que sai do pé desfalecido, vai subindo, arrasta e suspende toda a paisagem, até cair sobre a mão cravada na areia. Por fusão a mão toca um túmulo, plano do túmulo sob forte chuva, do céu com nuvens pesadas, de duas cruzes que se fundem num cruzeiro. A tensão extingue-se no plácido cotidiano da aldeia de pescadores, com seus barcos, suas redes estendidas, as ondas que vem e vão sobre a areia da praia. O extraordinário torna a se indiscernir no cotidiano. Raul toma um trem, cujas rodas em movimento fundem-se com o barco náufrago.

Nesse ponto, acercamo-nos da terceira cena que o filme virtual insere no filme real. Plano do balde vazio no fundo do barco (natureza-morta em sua plena discernibilidade de um campo vazio), volta a insistir, até que um corte vem desdobrá-lo em promessa de nova natureza-morta: um plano do mar, linha do horizonte ao longe, com um barril boiando. Ambas naturezas-mortas são postas lado a lado, num plano do balde que corta para um plano do mar com barril ao longe. A visão do barril pelos náufragos precipita o último gesto que o corpo de Raul enceta no ambiente. Nós já o vimos andar, correr, curvar, cair, desmaiar. Agora ele salta e mergulha no mar, desaparecendo sob o borbulhar das águas. Aqui se escava o fotograma mais difundido (uma espécie de marca) de *Limite*: o rosto de Taciana apoiado no beiral do barco, com as cintilações da água e o cabelo ao vento, visto de baixo e olhando para o fundo do mar. Este plano é seguido de campo vazio do mar. Taciana agita-se, levanta-se e sacoleja os ombros de Olga. Esta reage sacudindo-a para o fundo do barco, antes mostrado sob a invasão da água. Aqui produz-se a interferência do novo inserto do filme virtual.

Desta cena, que advém "quando a mulher 1 arremessa mulher 2 no chão do barco após cena do homem 1 se lançar no mar", Peixoto dá-nos a seguinte descrição:

> Vê-se o céu escuro e nuvens com vento (cena repetida do céu do cemitério). Por corte o barco é levantado pela cabeceira por uma onda lenta e descomunal com as duas mulheres dentro. O barco sobe e ondas grandes se despejam no seu interior. As mulheres ficam estáticas e encolhidas, assim como o barco que parece estacionar nessa subida onde advém dois arremessos somados de ondas sucessivas que escorrem sobre esse fundo do barco, onde as mulheres estão como que coladas, esculpidas em madeira. A câmera avança nesse ímpeto e advém corte rápido e brusco com essa violenta molhada que encobre a cena de alto a baixo passando daí para os primeiros movimentos da tempestade que existe no copião atual que é tudo que resta....

A filmagem dessa seqüência, segundo esclarecimento de Mário, reparte-se em dois blocos e procedimentos distintos: a) os três arremessos de onda, iniciais, foram criados com "vários camburões e tonéis de óleo, que se enchem d'água, sendo virados sobre o barco, em terra (em posição como se levantado pela enorme onda)"; a base de lançamento para isso foi "uma prancha-vagon da estrada de ferro Central do Brasil, retida num desvio em Mangaratiba por vários dias"; b) o arremesso final, com a subida do barco na onda que o traga e com corte brusco ("pois as moças eram quase que arremessadas, cada vez que era feita, ao mar"), foi filmada "no farol de Castelhanos em *high-speed* criado por Edgar na manivela e levou uma semana para ser capturada na exata".

No filme real, depois de jogar Taciana no fundo do barco, Olga também entra em desespero, comprime a cabeça com as mãos, as lágrimas escorrem (tudo por fusões) e, por fim, corta-se para campo vazio (mar aberto, horizonte distante) que por fusão agita-se tendo início a grande tempestade. O inserto do filme virtual vem expor o momento – um entre ondas – de encurvamento do barco, do barco em si e também de todo o "ritmo" que ele foi construindo ao longo das idas e vindas do mar à terra, da terra ao mar.

Ritmo rompido continuamente em sua linearidade e cujo resultado mais flagrante é a dissociação de imagens. Dissociação que se expõe numa tendência da imagem para dobrar-se sobre si mesma, enrolar-se, cumulando em três momentos: com a circunvolução de 360 graus de toda a paisagem, com a curvatura de 180 graus da vertigem de Raul, com o emborcamento-esfacelamento do barco pelas ondas nessa seqüência do filme virtual. Mas essa tendência dissociativa possui uma extensão ainda maior: na proliferação das naturezas-mortas, dos espaços vazios, das telas brancas e pretas. Aqui atingimos o que vimos Peixoto nomear de "limite visual", sobre o qual retornaremos.

O encurvamento do barco e sua destruição estão envolvidos na longa tempestade (cerca de seis minutos), que é uma composição feita da combinatória de um número limitado de planos (cerca de sete) curtos e toda por cortes. O complexo de linhas do filme vem se infletir na longa duração dessa tempestade, basicamente composta das seguintes intensidades: o choque (entre ondas, delas com o rochedo), a turbulência, a calmaria, o repouso, o fluir e refluir das águas (avançar, correr). A câmera faz-se sentir, aqui, produzindo os "balanços" da imagem, que não poucas vezes indiscerne-se numa tela nebulosa (procedimento usual da câmera solta na paisagem: os telhados, as perambulações de Raul, por exemplo). Durante mais de hora e meia, o filme se constrói nesse referencial do barco, uma espécie de base de lançamento de suas intensidades, de circuito das situações ópticas que traça. Veremos como a sua destruição mantém grande correlação com o conceito de tempo que Peixoto quer dar a ver em seu filme, de que o filme é um enunciável. Para chegar a isso, tomemos a quarta e última interferência do filme virtual.

Peixoto a denomina de "final de *Limite*". E onde se insere? No filme real o final da tempestade traz, por fusão, um longo campo vazio do mar aberto com horizonte distante, baixo. Por fusões de campos vazios igualmente longos, mas agora só do mar, uma figura começa a se distinguir ao longe, aproxima-se apoiando-se sobre uma tábua, até um primeiríssimo plano do rosto com destaque nos cabelos desgrenhados ("Olga como uma alga"). Nova fusão, segue-se um plano de longa duração da composição da imagem da revista francesa (o rosto de Olga, as mãos algemadas), depois dois planos (um próximo, outro distanciando-se) dela no fragmento de madeira, seguido de fusão com mar cintilante – a "visão de Paris".

Nesse ponto Peixoto abre o espaçamento do filme virtual: "Mulher 1 é afastada para o fundo do quadro – num mar de fogo que rebrilha coruscante – e agarrada como náufraga a um exíguo e derradeiro pedaço de embarcação que mais parece uma tábua". Faz-se corte,

a câmera detalha rápido – um pequeno fragmento liso do bote, desgarrado por acidente mas que ainda se mantém por perto como último vestígio à deriva – onde no balanço das vagas, o relógio que fora visto no fundo do barco, por duas vezes, com o mostrador invisível virado sempre para o chão da embarcação, sendo minado pela água – está colocado num surto do acaso – mas que prestes a desaparecer, equilibra-se em derradeiros momentos naquela oscilação.

Eis aí um processo de construção, um modo de composição de uma natureza-morta (fragmento de madeira sobre o que se acrescenta outro de metal – o enrolar-se dos objetos neles mesmos, tornando-se seus próprios continentes). Tal natureza-morta deixa passar algo da personagem:

A mulher o vê – e de sua angústia – estende a mão para buscá-lo. E sua fisionomia transmite a intenção do seu todo: a terra, sim – esse tempo intangível que ela ainda procura avaliar naquela tentativa última. Mas um movimento, um quase tombo rápido que ela, o pequeno destroço é oscilado pelo movimento do mar que precipita o relógio para as profundezas da água – fazendo-o deslizar da pequena tábua, correndo no seu fio comprido, que se inclina mais acentuado, levantando a outra cabeceira nas ondas, ocasionando o declive. A mão da mulher é vista neste instante, ao crispar-se, com o fundo de céu e nuvens carregadas, no ímpeto do gesto frustrado, mostrada em detalhe numa imagem tamanho da tela e trágica.

Desse plano da "mão trágica", corta-se para um outro do "relógio em brilhos turvos, [que] desce através das águas e algas – lento como um cantochão – até o fundo do oceano, onde se deposita na lama sem nunca desvendar seu mostrador". O ritmo da música

agoniza aí, prestes a expirar. Novamente a mulher recolhe a mão à tábua onde ficara agarrada somente por um braço angustioso durante aquele gesto inútil. A câmera, como que refugando-a – continua a repelir a imagem interrompida antes desse incidente para dentro do fogo do mar que já se vislumbrara ao longe.

Por fusões de campos vazios do mar (do cintilante ao sombrio) reaparecem os planos do início do filme, dos abutres pousados e esvoaçando no alto do monte. O filme termina com escurecimento da tela, após um último campo vazio do píncaro.

O plano do mergulho do relógio, até atingir a lama, exigiu construção especial do artesão do filme:

Com um efeito de vidros, Edgar Brazil tinha conseguido acompanhar o relógio atravessando as algas até se alojar no fundo do mar, com o mostrador sempre para baixo. Isso mostrava que o tempo não existe, que ele só é sentido pelo homem, seu criador. Toda essa seqüência final, importantíssima para o sentido do filme foi truncada e já não existe mais.

Para Peixoto trata-se, das quatro do filme virtual, da mais significativa, já que espera "que um dia, ao menos a cena final, possa ser recomposta, pois o filme acaba antes do que deveria"[25].

O BARCO COMO ÚLTIMO DESTINO, O TEMPO INTANGÍVEL

Retomemos a questão do barco, de sua destruição e sua implicação com o conceito, há pouco lançado por Peixoto, de "tempo intangível".

25. Matéria do jornal *Folha de São Paulo*, 28.12.1983. In: Jairo Ferreira, "Mário Peixoto, a Música da Luz", *Cinema de Invenção, op. cit.*

O barco, desde as primeiras imagens, está duplicado em sua condição de continente (dos personagens) e conteúdo (do mar). Mas é tomado numa atualidade que faz reverberar outras tantas temporalidades, a mais sinalizada delas sendo o tempo de um naufrágio que o aspecto roto de seus passageiros pressupõe. A câmera não esconde que ele está bem próximo à praia (plano inicial dos remos cravados na areia), num tipo de encalhe que a mulher não consegue alterar em sua tentativa com o remo. E assim ele aí permanece, na deriva de um tempo morto, perdido. Deriva que é uma espécie de "deriva dos continentes", essa deriva invisível, cosmológica, segundo a qual (sentido geofísico) "os continentes se deslocam sobre a superfície terrestre, como que flutuando sobre a magma"[26].

Eis, assim, um primeiro nível, um nível mais geral e englobante do barco de *Limite*. Ele diagrama, desde a obra romanesca de Melville (*Moby Dick*, 1851), mas também no filme de Murnau do mesmo ano de *Limite* (*Tabu*, 1931), isso que Deleuze nomeia de "um circuito do navio como último destino", cuja característica maior é o "fender-se em dois". Ouçamos:

> Foi Herman Melville, em sua obra romanesca, que fixou de modo definitivo essa estrutura. Germe semeando o mar, o navio está preso entre duas faces cristalinas: uma face límpida que é o navio de cima, onde tudo deve ser visível, conforme a ordem; uma face opaca, que é o navio de baixo, que transcorre embaixo da água[27].

Retenhamos esse aspecto do circuito e da estrutura cristalina bifacial, no sentido estético da construção de uma imagem-tempo.

Estruturas cristalinas, que não são o tempo, mas que deixam ver o tempo através de si, são recorrentes em *Limite*. É a imagem do "mar de fogo", que compõe a imagem-germe do filme; é a imagem das sombras estampadas no granito seco da rocha, descrita no filme virtual; é o entre-imagens do mar cintilante e do copo de cristal, que vem esculpir e por em circulação a figura do pianista; é a imagem do jogo das alianças (na escada da casa e no túmulo), fixas no dedo ou lançadas sobre a pedra; é a imagem do balde insistentemente vazio, continente seco de luz incidente-reflexa; é, enfim, a imagem desse relógio do filme virtual, revirando e lançando para o fundo do mar sua face límpida. Do límpido ao opaco, do preto ao branco, tais estruturas constituem coalescências dos nós de tempo em *Limite*, de suas imagens-tempo. Coalescências que se adensam e propagam na enorme nebulosa de cintilações que as massas líquidas aí traçam, a partir do disparador dessa imagem genética de um "mar de fogo".

É aqui que o barco salta para compor o circuito mais estreito de uma imagem atual. Com efeito, o barco, como uma espécie de último destino, é o lançador de um atual (estado de náufragos), mas um atual

---

26. Aurélio Buarque Hollanda Ferreira, *Novo Dicionário da Língua Portuguesa*, 15ª edição, Rio de Janeiro, Nova Fronteira.
27. Gilles Deleuze, "Os Cristais de Tempo", *A Imagem-Tempo*, op. cit.

"carregado" que emite insistentemente imagens em fuga, que se viram e reviram em suas estratificações. Um atual, portanto, que torna ao problemático (os fragmentos de vida não estão, sempre e necessariamente, no passado, no plano de uma imagem-lembrança) virtualizando-se; uma problemática que busca uma última resolução no barco, reatualizando-se. O barco opera, desse modo, como base-pista mínima, como menor circuito, circuito estreito, de um atual que se reproblematiza e reatualiza, passando sempre de uma resolução a um novo problema. É assim que os "três" personagens não param de ensejar, concomitantemente à descrição (descrição densa, no sentido do objeto que não para de se criar, desdobrar) de seus fragmentos de vida, novos fragmentos, alguns mal vem à tona (atualizam-se) e logo somem do campo de visão.

E aqui atingimos o sentido (instauração de novidade) da tempestade que vem destruir o barco. Trata-se, nesse momento do filme, de "fender" esse circuito mínimo, decompô-lo; pulverizar mais ainda esse atual do qual não se parou de emitir fragmentos de vida, traçar naturezas mortas e campos vazios. Mas fendê-lo por quê (questão de Octávio de Faria), se já está "aí" na condição de barco cosmológico? Ora, é que, aqui, o cosmológico não tem nada de metafísico, e se tem de transcendente, é no sentido daquilo que põe o tempo fora dos eixos, faz ceder um horizonte dos acontecimentos (o barco, o mar) para que o acontecimento novo possa advir.

E que acontecimento é esse? Um acontecimento que se biparte. O que vem fender o circuito do atual, comprimindo-o num fragmento de madeira, mas também o que vem precipitar a própria questão do tempo, descomprimindo-o de sua feição cronológica de tempo de relógio. A interferência do filme virtual adquire, aqui, seu pleno sentido. Não basta, a Peixoto, tão somente a construção do barco como coalescência das temporalidades que diagrama a partir dele, com ele; não basta, sequer, comprimi-la num último fragmento dele que funcionasse como espécie de tábua de salvação. A "mão trágica" que as ondas não deixam atingir o relógio é, com efeito, simultânea desse tempo que o relógio emborca, revira, tira dos eixos. Relógio com sua face opaca que deixa ver, quanto mais se precipita no fundo do mar, na "lama", o que Peixoto concebe como "tempo intangível". Tempo que, efetivamente, rebrilha na superfície cintilante desse "mar de fogo".

O cinema como lepra, o *cinema da lepra*, atinge aqui as alturas. De tal modo que se pode dizer que a lepra como doença, a própria doença é, em Peixoto, *Cronos*: "só o presente existe no tempo, o passado é só um antigo presente, como o futuro, um presente por vir". A lepra como intensidade sendo *Aiôn*: "só o passado e o futuro insistem no tempo e dividem ao infinito cada presente"[28].

---

28. Sousa Dias, "O Que é um Acontecimento?", *Lógica do Acontecimento – Deleuze e a Filosofia*, Lisboa, Afrontamento, 1995.

Taciana olha o mar, no fotograma mais difundido de Limite.

3. Limites do Visual: Naturezas-Mortas e Espaços Vazios em Limite

Quando Deleuze tratou de reunir material para desenvolver e equacionar a questão da passagem do "cinema clássico" ao "cinema moderno", em termos de não-coincidência com a passagem do mudo ao sonoro, foi para o distante Oriente que ele se dirigiu: ao Japão, encontrando-o no cinema de Ozu. Formula, então, o que denominou de "paradoxo de Ozu".

Um dos pontos de partida que leva ao encontro do cineasta japonês, é o da questão dos "componentes da imagem" do cinema moderno, dissociadas ("heautonomia") em imagem visual e imagem sonora que compõem um cinema propriamente audiovisual. De um lado, é a imagem visual expondo seus "embasamentos geológicos", fundações e estratificações, que precipitam os limites do ver e traçam os estados de vidência; do outro, é a imagem sonora em que o ato de fala e música torna-se "fundador" e instaurador de lendas, põe-se a fabular.

É aqui que o cinema de Ozu compõe uma espécie de cristal de muitas faces. Afirma Deleuze:

> Assim se explica, talvez, o imenso paradoxo de Ozu: pois Ozu já no cinema mudo foi aquele que inventou os espaços vazios e desconectados, e até mesmo naturezas-mortas, que revelavam os embasamentos da imagem visual e a submetiam enquanto tal a uma leitura estratográfica; com isso ele estava tão à frente do cinema moderno que já nem precisava da fala; e, quando se volta para o falado, já bem tarde, mas uma vez mais como precursor, será para tratá-lo diretamente no segundo estágio, numa "dissociação" das duas potências que reforça a cada uma

delas, numa "divisão do trabalho entre imagem apresentacional e voz representacional"[1].

Ozu torna-se, desse modo, um criador-precursor de componentes básicos do cinema moderno, de "opsignos" e "sonsignos", de situações ópticas e sonoras, de espaços quaisquer esvaziados ou desconectados e de naturezas-mortas. Enseta, com isso, um "para além da imagem-movimento", vindo seu cinema se infletir no campo de questões de uma "imagem-tempo" que caracteriza aquele cinema.

Ora, mantidas e reforçadas as devidas singularidades, vimos como Peixoto, em pleno momento de irrupção do sonoro, fazia no Brasil um filme que, se é mudo, não é por uma falta, mas, reiterando o que Deleuze diz de Ozu, porque "já nem precisava da fala". *Limite*, em sua estranha configuração de obra única, na extemporaneidade que o lança para além do cinema mudo, tornou-se inassimilável em vários momentos da cinematografia local, sobretudo quando ela traçou para si os imperativos do "industrial", do "realismo", da "comunicação". Praticamente solitário em sua leveza de objeto raro, leva cerca de meio século para que seu "peso" se faça sentir enquanto marca de obra formadora. Formadora no sentido preciso de criação de formas, instauração de novidade, experimentação inaugural.

São vários os signos de modernidade que nele circulam. Nesse sentido, há neste filme algo de uma excitação, de uma inquietação, de uma ebulição, modernas, tanto remetidas à situação local quanto extralocal: há o trem, o automóvel, o jornal, o cinema. E todos esses elementos compondo, ora com a movimentação de pequena cidade, ora com o cotidiano de aldeia de pescador, algo de tão inverossímil, de tão estranho, de tão afastado do rendimento desses materiais, que é o que de fato o torna tão extemporâneo. Nada de dia a dia regulado por movimentos de marés, por ondulações de luz solar e noturna, por trabalho regular e extenuante, por mitos e ritos comunitários, por vida em família ou calma doméstica. Tais aspectos mal se esboçam e já são pulverizados por estados de espírito incomuns, alterados, que lançam os personagens em perambulações por espaços quaisquer, tomados de intensidades cujo limite, cuja paralisia, é a evasão para o mais antigo meio de transporte – o barco. Barco que menos que continente dessa inatividade, e por contê-la, vem se diagramar como um operador de linhas dos entre-espaços, dos entre-tempos. Mas linhas de um "mental" cujo circuito extravasa inteiramente os espaços qualificados e as temporalidades cronológicas.

Mas um dos aspectos que mais singularizam *Limite*, relativamente e para além de seu momento, é sua feição intersemiótica, metacinemato-

---

1. Gilles Deleuze, "Os Componentes da Imagem", "Para Além da Imagem-Movimento", *A Imagem-Tempo, op. cit.*

gráfica, sua composição em espelho com o signo cinema e com o signo fotografia: imagem de imagem. E que operação antropofágica é a de Peixoto (e aqui acrescente-se o fotógrafo alemão-brasileiro, Edgar Brazil)? Ela se dá a ver, sobremaneira, em dois momentos: a fotografia da capa da revista e o filme de Chaplin.

A fotografia é disparadora da imagem-germe do filme, ao ponto de sua composição vir delimitá-lo, situá-lo entre sua dupla reprodução (no início e final). Ela o contaminará fazendo proliferar as estruturas fechadas, os continentes do filme, num arco em que real e mental se indiscernem, fazendo saltar da visão agitada os planos da vidência, das percepções vividas e afecções sofridas os blocos de sensação. As mais severas dessas estruturas que aí se traçam são as das linhas verticais aprisionantes (grades de prisão, os vários planos das cercas), que vão cedendo nas perambulações dos personagens por espaços quaisquer, até encurvarem na situação óptica do barco. É quando tais linhas se esparramam, do barco ao mar, mas para traçar limites mais amplos, limites que aos poucos vão se indiscernindo com um fora. Limites que se constituem como continentes das ações, até dobrá-las na situação característica do não poder mais agir: a da espera, da paralisia, da passagem do que pode conter ao ser contido.

Mas a imagem da revista, em sua feição de estrutura fechada, está mais para o simbólico (representação de algo para alguém): a composição das mãos algemadas como símbolo da continência, do limite, da finitude (é o plano das mãos, num deslocamento do plano do rosto, que salta para primeiro plano). E o que Peixoto-Brazil fazem, sua operação antropofágica, é torcer essa simbologia de superfície em signos circunstanciados de limites que não param de se diagramar: da prisão institucional à de gêneros, das portas e janelas cerradas (que se cerram) ao túmulo, da casa ao barco, da máquina doméstica ao trem, da terra ao mar. Mas limites, territorializações, que, se deixam ver os controles de uma ambiência moderna, os vem ressaltar com contundência nos estados de espírito alterados por processos de desterritorialização: de uma prisão, de um amor, de uma paisagem; desterritorialização de um antes e depois, de um entre, do que se lança nos interstícios, espacial e mental. São modos de subjetivação mutantes em seu contínuo devir, mas aí tomados e expostos já em sua consistência de subjetividades automáticas, exauridas de sua capacidade de agir, de pensar, vivendo a própria impotência do pensamento, um automatismo psíquico. Tal é a situação-limite do barco.

E como se compõe, fotograficamente, tais estados, tais sensações? Ora, aqui vai-se das composições mais rigorosas de linhas, de planos, ao total transe da câmera. É desde a composição de uma natureza-morta com uma geometria de retas paralelas (o belo plano de beiral do barco e mar), das verticais de prisão e cercas, a essas transversais que recortam os signos das máquinas modernas (da máquina de costura, do caminhão, das rodas de trem), essas transversais de perfis ou corpo inteiro de personagens. O corpo é aqui retalhado nas diversas parcialidades que o compõem: rosto, olhos, mãos, pernas, pés. É corpo parcial visto de múltiplos ângulos: frontal, de costas, de baixo, de cima, de través, sentado, andando, correndo, saltando. Quando se vai para a paisagem a câmera, então, ganha a total liberdade que a tira do eixo, torna-se câmera-na-mão, produtora de movimentos em falso. A paisagem arquitetônica literalmente deita-se (plano do casario), a câmera ergue-se até atingir os isoladores dos postes de luz, saltar sobre os telhados e "varrer" suas texturas. Na composição das paisagens da natureza ela, enfim, atinge a aberração dos movimentos com suas audaciosas circunvoluções de 180/360 graus, compondo a imagem com o seu avesso e revirando os planos de composição. Passa-se, assim, nessa intensa experimentação dos rendimentos do visual, das imagens nítidas e claras ao seu desfocamento e desfiguração, das naturezas mortas e campos vazios às telas brancas e pretas.

Peixoto-Brazil partem, desse modo, de uma imagem especular de uma capa de revista, imagem carregada de simbologia, para transmutá-la em germe de novos blocos de signos que lançam o visual para além de si.

E quanto ao filme de Chaplin, o cinema do cinema? A relação com o cinema se dá também de forma espessa. Forma uma espécie de contraponto à imagem da revista. Vai desde a configuração de sua presença física em sala de cidade de interior ao recorte de um gênero. Gênero que elevou o cinema mudo às suas últimas potências, tornando-se um de seus signos mais expressivos. E que é aqui posto no recuo de um espelho, no face a face de um cinema em espelho que se transmuta em cinema se fazendo, em germe de outros gêneros. Uma ambiência do cinema mudo é construída com a figura do pianista, partindo de toda uma encenação que realiza na escada (o teatro de sombras em que vai lançando e sobrepondo o jornal, o casaco, o chapéu) e que o leva ao piano da sala, quando então se abre e expõe o horizonte de uma sociabilidade circulante, feita do burburinho noturno das salas-cafés. Aí um pequeno ritual se esboça: a luz se apaga, a tela recortada serializa primeiro a tela branca, depois a preta, seguida da tradução galhofeira do título. A relação cinema-espectador duplica-se entre o riso e a sonolência.

Mas o trecho que se recorta, a seqüência que se isola, vai nos lançar para fora desse burburinho que os *closes* reiterativos dos rostos, das gargalhadas cruzadas, ampliam. Lança-nos, ao mesmo tempo que traça um esboço de atividade do pianista que vem prolongar as descrições dos estados da mulher 2, de volta aos estados da mulher 1. Produz sobre tais estados novas estratificações, novo reviramento de camadas. Tratam-se de duas situações de prisão, com dois tipos de fuga do carcereiro: a primeira (que o jornal informará) é a fuga por cumplicidade, a segunda por esperteza. Cumplicidade e esperteza que vão se rarefazendo quanto mais se serializam as imagens, quanto menos elas se contaminam pelas significações dominantes (simbologias da prisão), até atingirem o sentido disruptivo do acontecimento se dando a ver por fuga. Aqui, então, são linhas de fuga o que se traça, linhas de fuga que vem rebater sobre o filme inteiro.

Portanto, se a imagem da revista pontua, de imediato, uma simbologia das mãos atadas, as do filme contrapontuam com as possibilidades de fuga das clausuras. Ambas, porém, vão transmutar-se em signos que comporão a vasta paisagem de continentes e conteúdos, até um ponto de indiscernibilidade de ambos. Ponto em que o último continente (o barco) se fende e se indiscerne na imensa massa líquida do continente de águas (o mar). É quando as linhas de fuga se repartem em pontos: o último fragmento do veículo, o último recurso do passageiro, a última tentativa de avaliar um tempo – todos lançados num "mar de fogo", na consistência magmática do lodo e da lama (o relógio opaco).

É um "intangível" que, paradoxalmente, aí se atinge, que a "mão trágica" tenta tocar. Mãos que vêm substituir, pôr-se no lugar, quanto mais insistem ao longo do filme, das afecções do rosto, de que o cinema mudo extraiu grandes energias, boa parte da força de suas composições (o rosto de Falconetti no filme de Dreyer). Desloca-se (desde a composição da imagem da revista), desse modo, do rosto enquanto tradutor de estados da alma, para as mãos lançadas contra os céus enquanto tradutoras de estados de espírito (imagem do filme virtual), mãos que vem lançar, avaliar, suspender, uma estratificada imagem de vínculos fendidos consigo, entre si, com o mundo.

Tomemos e isolemos, para finalizar, dois tipos de composição, dois vetores que proliferam no filme, e que o próprio Peixoto conceitua enquanto fronteiras de suas imagens, limites do visual: as naturezas-mortas e os campos vazios. O que a composição de suas linhas nos dão a ver, aonde nos levam?

As relações entre esses dois tipos de imagens são de trocas intensas, passagens quase invisíveis de uma a outra, nítidas rupturas entre uma e outra, momentos de indiscernibilidade e momentos de completo recorte. Marcam, com sua presença e modos de composição, ao mesmo tempo que minúsculas pontas de presente dos personagens a que remetem até sua completa ausência em paisagens da natureza. São operadores, assim, de passagens, de distinções globais, do tipo orgânico-inorgânico, natureza-cultura, artifício-dado. Trata-se de imagens que vêm ocupar a tela, insistir com sua presença e duração, quando todo movimento cessou, quando a presença humana evadiu-se, os personagens foram lançados para fora de quadro e o próprio quadro põe-se a virar e revirar suas camadas. São instauradoras de situações ópticas (e sonoras) puras, no caso dos espaços vazios, e o correlato delas (o que vem abrir para elas), no caso das naturezas-mortas.

Mas ambas se distinguem e Peixoto as compõe de tal maneira e com tal rigor, chegando mesmo a expor um método, com seus procedimentos de composição.

No caso das naturezas-mortas, a presença e composição de objetos, em quadro ou num enquadramento que os supõe, às vezes chega a "vibrar" um momento imediatamente anterior em que o orgânico se precipita na matéria morta (plano do peixe fora d'água numa última respiração), como também o momento imediatamente posterior do inorgânico em disponibilidade para realimentar um ciclo vital (a carcaça que atrai os urubus). São esboços, rascunhos, no primeiro caso de natureza-morta que se virtualiza a partir de um estado atual da matéria (o vivo), no outro que se "invisualiza" na paisagem que a supõe. São o que se poderia nomear de composições minimalistas de naturezas-mortas, em *Limite*. Mas elas já expõem, de qualquer modo, a trama dos objetos enrolados sobre si mesmos, recortados em seus próprios continentes (diferentemente do sem conteúdo dos campos vazios) e que de algum modo remetem, deixam passar algo dos personagens. E é possível que a seqüência da chegada do pianista ao trabalho seja uma das que melhor expõe esse modo de proceder na composição das naturezas-mortas, em seu aspecto particularizante de objetos separados, em continência, embora não mergulhados no vazio.

Nesta seqüência, têm-se primeiro uma natureza-morta composta de alto de escada, cadeira e jornais. Cada objeto envolvido em sua própria estrutura. Mas os jornais tornam-se de imediato conteúdo do continente cadeira. Aspecto que se destaca: uma composição por sobreposição de objetos, de continente sobre continente que se torna conteúdo. Mas esse proceder é levado à saturação quando uma sombra projetada na parede ao lado vai lançando sobre a cadeira primeiro um jornal, depois um casaco, por fim um chapéu. Ao final da operação os objetos estão multiplicados: escada, cadeira, jornais, casaco, chapéu, sobrepostos num plano único de que a sombra se ausentou. Daí corta para a tela vazia do cinema, situada na sala, até mergulhar por novo corte na tela preta.

Aí tanto se define uma natureza-morta enquanto presença e composição de objetos que "não se envolvem necessariamente no vazio, mas podem deixar personagens viverem e falarem com certa vagueza"[2], quanto se expõe um método de sua construção, um modo de proceder e operar. Outras seqüências expõem novos aspectos: a composição por fusão dos objetos da costureira (ovo de cerzir, colchetes, carretel, botões, fita métrica, tesoura), no momento em que seu olhar se lança através da janela; a composição por rarefação e proximidade do balde vazio contrapontuada pela composição por rarefação e distância do barril solto no mar etc.

2. *Idem.*

Todas essas situações de objetos compõem correlatos de movimentos que cessam e de personagens que se ausentam, correlatos de esvaziamentos de campo, de espaços vazios.

Raríssimos interiores esvaziados de seus ocupantes, exteriores desertos proliferantes e, sobretudo, paisagens da natureza, os espaços vazios em *Limite* dominam desde a abertura. Eles compõem com os espaços desconectados que os personagens atravessam, o diagrama de linhas dos espaços quaisquer do filme.

Os interiores em *Limite* tendem ao máximo da rarefação. Formam, efetivamente, dois conjuntos: casa e café-cinema. O espaço da casa, referido às duas personagens femininas, tende ao esvaziamento desde que surge. No caso da mulher 2, ela mal entra em casa e já na escada deposita o cesto de compras, larga o marido e sai. A mulher 1, quando foge da prisão, ainda tenta, mesmo sozinha, vincular-se ao espaço doméstico. É a seqüência dela costurando. Mas o tédio é tamanho que logo ela também o abandona. É nesta seqüência onde encontramos um raríssimo plano de interior esvaziado, e ainda por cima o plano de uma janela que se segue ao plano da mulher olhando para fora do quadro. Em relação a esses espaços, um procedimento usual é o do acompanhamento do personagem até ele entrar ou sair, permanecendo a câmera do lado de fora.

Tal já não é o caso em relação aos exteriores. *Limite* é um filme eminentemente de exteriores, de abertura de horizontes. Mas nem por isso constrói espaços "qualificados", "iniciáticos", que de um modo ou outro signifiquem uma territorialização ou reterritorialização de personagens. Seu movimento é o inverso. São intensos movimentos de desterritorialização que ele enceta. Os personagens são tomados num estado de espírito com tais movimentos já numa espécie de cúmulo. São tomados no estado extremo de náufragos, à deriva, à espera de uma última tempestade que os aniquile. Suas tentativas de alinhavar fragmentos de vida nesses espaços só expõem o quanto eles já se põem em fuga. São desterritorializações que vão do abandono e fuga da casa (da prisão) às de uma relação, de uma cidade, da terra. Desterritorializações que só um mar contém, mas aí já se tornam absolutas, quando são as próprias vidas que cedem.

Daí a multiplicação de exteriores desertos: fachadas de casa, ruelas, ruas, trechos de praia, estradas. Exteriores que mais se estranha do que produzem alguma reiteração que os familiarize. Talvez uma conexão mínima que estes ainda remontem seja a de que parecem se estender entre uma praia e um pequeno aglomerado urbano, centrado num chafariz. Sua total horizontalidade entre praia e chafariz nos dá o plano do conjunto de casas visto deitado, logo depois seguido do plano da rua de terra com casas e galinhas ao fundo. No mais, não se constrói com tais exteriores nenhum território pisado e repisado por alguma ligação afetiva à localidade, à terra. Óbvio que do fundo dessas desconexões o filme lança alguma pulsação de pequeno aglomerado (o chafariz, as galinhas, a lavadeira, as redes de pesca, o comércio de peixe), mas não é nisso que se detém. Sua pulsação é a de um urbano que ultrapassa o círculo comunitário, urbano operador de rupturas, cujo burburinho se constrói com materiais daí, mas de um estrato mais recente, atual (postes de luz, trem, caminhão, cinema etc.). É desse estrato que os movimentos de desterritorialização irrompem.

Numa outra camada dos espaços vazios estendem-se as paisagens da natureza. Elas intervêm, em *Limite*, no plano de uma grande dispersão de linhas de fuga que vem de antes, que partem do esvaziamento dos espaços domésticos, atravessam os exteriores desertos e aqui se esparramam por completo. São espaços por onde se embrenham e desaparecem os personagens, não em algum momento decisivo do curso de seus movimentos de desterritorialização, mas como prolongamento de tais movimentos que aqui tocam os confins dessas paisagens e as extravasam. Daí um diagrama desses espaços que se repartem ora no infinito de uma estrada ou no alto de um rochedo, ora em planos de árvores recortadas sob a ventania ou num mar aberto. De qualquer modo, o oceano, as paisagens marinhas surgem como uma espécie de atrator dessas linhas de fuga que aí se precipitam.

Repassemos a seqüência (do filme virtual) onde encontramos o enunciável direto do campo vazio como limite visual, ela nos dá a ver uma paisagem da natureza. Após uma busca frenética estrada adentro, os dois personagens atingem uma "ponte negra" atravessada por uma "garganta rochosa". Temos o "infinito", a "beira de um abismo", ambos são eliminados por fusão, quando a câmera avança e descortina do alto do rochedo "a visão do mar no extremo final desse lá embaixo". Tal seqüência o que enquadra é uma visão das alturas, vertigem de espaçamento, que encurva e lança no abismo uma verticalidade. O limite visual sendo, portanto, esse momento em que a imagem, encurvando-se, como que escava o seu avesso, o plano o seu reviramento. Composição que, efetivamente, vimos se dá com os giros da câmera sobre a paisagem.

Eis todo um processo de construção, todo um modo de composição, do espaço vazio até sua precipitação numa paisagem em abismo. Aqui os exteriores vão sendo construídos numa intensa onda de desconexões, de linhas sinuosas rompidas, que atravessam a paisagem arquitetônica, atingem as paisagens da natureza, quando então se dobram. O que tal onda de desconexões produz, variando continuamente as angulações da câmera, as coordenadas dos planos, é uma espécie de *espaço onidirecional* em que a primazia do eixo vertical cede. A tela, então, deixando de remeter à postura humana, ao privilégio da vertical, desfaz-se de sua conformação de janela ou quadro, funcionando como uma espécie de mesa de informação. À vertical da tela, desse modo, "só resta um sentido convencional quando deixa de nos fazer ver um mundo em movimento, quando tende a tornar-se uma superfície opaca que recebe informações, em ordem ou desordem, e sobre a qual os personagens, os objetos e as falas se inscrevem como dados"[3].

O diagrama que ressalta desse intenso movimento de exteriorização, de "onidirecionamento" do espaço, é o diagrama de um fora. Um fora que vem romper com as direções privilegiadas do espaço, confundir suas orientações, lançar os limites do visual num espaço vazio, sobrepassando todo exterior num para além de qualquer espacialidade.

Aqui, portanto, damos mais uma vez com o conceito de tempo do cineasta: um fora que se desfaz de coordenadas espaciais para dar a ver o tempo – "fator primeiro e importante", como diz Peixoto.

3. *Idem.*

4. Fac-símile das "cenas faltantes" de Limite

"L I M I T E"

(partes que não foram vistas no B r a s i l)

<u>Clareia</u> a tela lentamente ouvindo-se a música "gimnopedie" iniciada um pouco antes - com a sala de projeção mergulhada ainda no escuro.

Uma enorme onda vertical se delineia em imagem ganhando do impreciso à visão completa de uma vaga no seu máximo de altura a despencar-se para o reduto do mar agitado, em baixo - raspando o íngreme de uma granítica muralha de costeira quase em pé, em câmera lenta - tão lenta mesmo, propositalmente, que assista-se - presencie-se (como atomos da propria massa líquida) a desagregação de suas ínfimas partículas de água componente, como se em um laboratorio intencional; partículas essas que descem e escorrem, desnudando o granítico atrás - que revelam ao fim ao arriar dessas translucidas e tremulas gotas, pelas encostas abaixo - num rebrilho e intenso de uma cortina pintalgada (espécie de renda, até) e oceânica - esvaziando ao fim, após a descida líquida - a rocha à pino, onde fica e se desvenda o reproduzido de tres sombras na pedra (pois o sol é intenso) - tres personagens ali estampadas: 1 homem e duas mulheres, assim recortadas. A música prossegue - como se um gemido - um relutar de vaga e seus arremessos num mar de invernada - embora o sol seja ali fantasticamente fulgente. A mesma vaga repete o seu máximo por identico processo repetindo-se; isto é - subindo - ganhando altura dessa vez e assim o faz nessa mesma lentidão durante mais duas vezes, desnudando-se sempre na sua retirada as mesmas sombras imoveis - nem mesmo molhadas pela pedra - pois a cada desvendamento a projeção das sombras se insere na rocha lavada, por fusões, mostrando as três sombras em plano de um outro granito seco e justaposto - para depois voltar ao inicial novamente, o primeiro que se via molhado - sempre por fusões.

Por fim - ao arremessar-se na quarta investida - já aí mudou o tom e o ritimo do seu movimento.

Divide-se em três tempos nessas novas investidas que vai acrescentar. Da quarta à sexta - aumenta gradativamente o investir das suas águas - que embora identicas - aumentadas no ritimo e intensidade de sua velocidade - desnudam na rocha, não mais os séres de sombra - mas sim, agora, os primeiros letreiros da apresentação da película - como que entalhadas no granito e surgindo diferentes com seus dizeres, cada vez que a onda se desfaz e desvenda o seguinte. Na última, então - a imagem do derradeiro letreiro - por fusão - inicia lentamente já aí - no antigo ritimo - a primeira imagem do filme, propriamente; ou seja: pássaros pousando em aglomerados de pedregulhos - visíveis urubús atiçados - carnívoros no todo - por algum chamariz que os atrai. -.-.-.-.

(esta e páginas seguintes) Fac-símile da "nota explicativa" em que Mário Peixoto descreve as quatro "cenas faltantes" de Limite.

FINAL DE " LIMITE "

(Também partes que não foram vistas no Brasil)

Mulher nº 1 é afastada para o fundo do quadro - num mar de fogo que rebrilha coruscante - e agarrada como naufraga a um exíguo e derradeiro pedaço de embarcação que mais parece uma tábua. Por corte, a câmera detalha rápido - um pequeno fragmento liso do bote, desgarrado por acidente mas que ainda se mantem por perto como último vestígio à deriva - onde no balanço das vagas, o relógio que fôra visto no fundo do barco, por duas vezes, com o mostrador invisível virado sempre para o chão da embarcação, sendo minado pela água - está colocado, num surto do acaso - mas que prestes a desaparecer, equilibra-se em derradeiros momentos naquela oscilação.

A mulher o vê - e de sua angustia - estende a mão para buscá-lo. E sua fisionomia transmite a intenção do seu todo: a terra, sim - esse tempo intangível que ela ainda procura avaliar naquela tentativa última. Mas num movimento, num quase tombo rápido que ela, o pequeno destroço é oscilado pelo remuo do mar que precipita o relógio para as profundezas da água - fazendo-o deslizar da pequena tábua, correndo no seu fio comprido, que se inclina mais acentuado, levantando a outra cabeceira nas ondas, ocasionando o declive. A mão da mulher é vista neste instante ao crispar-se, com fundo de céu e nuvens carregadas, no ímpeto do gesto frustrado, mostrada em detalhe numa imagem tamanho da tela e trágica.

Por corte, o relógio em brilhos turvos, desce através águas e algas - lento como um "cantochão" - até o fundo do oceano, onde se deposita na lama sem nunca desvendar seu mostrador. A música no seu ritmo como que agoniza aí, prestes a expirar. Novamente a mulher recolhe a mão à tábua onde ficara agarrada somente por um braço angustioso durante aquele gesto inútil. A câmera como que refugando-a - continua a repelir a imagem interrompida antes desse incidente para dentro do fogo do mar que já se vislumbrara ao longe.

O filme continua daí - desse mesmo ponto até o final que se assiste nas películas, que ora vão assistir.

Apenas a cena dos pássaros ou abutres - na derradeira imagem - é mais longa em duração descritiva - e mais urubús são vistos chegando, à pousar em grupos fazendo ronda sobre os pedregulhos.

Fade out muito lento ouvindo-se sempre "gimnopedie" - então, agora já no seu ritmo normal sem o recurso extemporaneo que durante a cena do relógio o fêz agonizar.

Duas outras pequenas partes que também nao foram vistas de "Limite",
quando de sua única exibição pelo Chapin-Club: -.-.-.-.-.-.-.-.-.-.-.-

Após a cena do cemitério as duas personagens em questão andam pela estrada molhada uma a gritar pela outra.
(Essa cena existe no copião e foi vista). Falta a parte que se completava na película terminada que seguiu para Londres e depois vista em Paris.

A cena faltante é a seguinte:
As duas personagens atingem uma ponte negra que se atravessa numa garganta rochosa (existe "still" dessa cena). O homem n° 1 estaca - o outro continua até o infinito (o céu encontra-se com o chão da estrada, aí) que parece ser à beira de um abismo. Essa personagem, nesse "Limite" visual, desaparece de cena por fusão que a elimina. A outra (homem n° 1) avança então até à beira desse horizonte. Câmera avança e em meio do caminhar a imagem do homem também, por sua vez, se desvanece por fusão eliminatória da personagem, deixando no campo da objetiva apenas a ponta - o espaço branco - o abismo que enfim aparece e se descortina com o impulso da objetiva cedendo então a visão do mar no extremo final desse lá em baixo, que até então era apenas sugestionado pelo ângulo fotográfico - mas não se via realmente. Por fusão sobrevêm as imagens sucessivas e vertiginosas do homem 1 visto em vários ângulos e por cortes bruscos, gritando ou chamando. Essa cena foi vista e está no copião atual. Daí, o filme segue normal.

A outra cena é quando a mulher 1 arremessa a mulher 2 no chão do barco após cena do homem 1 se lançar ao mar.
Vê-se o céu escuro e nuvens com vento (cena repetida do céu do cemitério). Por corte o barco é levantado pela cabeceira por uma onde lenta e descomunal com as 2 mulheres dentro. O barco sobe e ondas grandes se despejam no seu interior. As mulheres ficam estáticas e encolhidas assim como o barco que parece estacionar nessa subida onde advêm dois arremessos somados de ondas sucessivas que escorrem sobre esse fundo do barco, onde as mulheres estão como que coladas, esculpidas em madeira. A camera avança nesse ímpeto e advém corte rapido e brusco com essa violenta molhada que encobre a cena de alto a baixo passando daí para os primeiros movimentos da tempestadade que existe no copião atual que é tudo que resta, mas que explicarei por último. Foram usados para o arremesso da onda vários camburões e tonéis de óleo, que se enchem d'água sendo viradas sobre o barco, em terra (em posição como se levantado pela enorme onda) de cima de uma prancha--vagon da estrada de ferro Central do Brasil num desvio em Mangaratiba retida por vários dias - através a influência política do então prefeito da cidade - meu tio Victor Breves a quem muito também devo pela feitura de "Limite".
A subida verdadeira do barco na onda (onde advém logo o corte, pois as moças eram quase que arremessadas, cada vez que a cena era feita, ao mar) foi filmada no farol de Castelhanos em "high-speed" criado por Edgard na manivela - e levou uma semana para ser capturada na exata.

Tudo isso não estava definitivo ainda na apressa[da] exibição do "Chaplin", onde lançou-se mão do incompleto copião por iniciativa de Edgar e para atender ao pedido do "Chaplin" e suas datas de compromisso e publicidade.

Explicativa: O que se pode assistir hoje em dia é a recuperação de um copião que por acidente de acaso permaneceu incompleto dessas cenas acima mencionadas. Mas um acidente feliz, caso contrário "Limite", hoje em dia, não existiria mais - ao ser a cópia integral e negativo total enviados para os Estados Unidos como donativo ao Museu de Arte Moderna de New-York. Por esquecimento - o aludido copião de Edgar (chamemo-lo assim) que, ia junto com as películas, do Copacabana Palace Hotel - por ocasião do embarque do Sr. Nelson Rockfeller que se prontificara a levá-lo quando de sua visita ao Instituto Brasil Estados Unidos, aqui no Rio. Na América - com o advento da brusca mudança de clima - e tempo decorrido também, nisso tudo - em período de primeiras adaptações do Museu e filmoteca Nova-Yorkinos - ficou (1 cópia em mau estado, do filme completo - e todo o negativo) longamente encostado em porões dessa' fundação - em provisoria espera, conjuntamente com outros donativos filmicos - de suas remoções para salas adequadas - causa de sua destruição e perda - ocasionando a emulsão do nitrado, melar, de maneira perigosa e definitiva.

Plinio Sussekind e Saulo Pereira de Melo empreenderam a batalha de salvar "Limite" no Brasil. Essa é a cronica que assino. É a razão do filme (embora tirado do copião incompleto) poder ainda ser visto e estudado em nosso país.

Angra dos Reis, 1º de março de 1980.

MARIO PEIXOTO

N O T A: A presente explicativa foi tirada de velhos manuscritos em avançado estado de decomposição e adaptada ao atual em que novamente o ponho de pé.

Parte II

Do Mito à Fabulação: A Terra e suas Idades

Cenas de A Idade da Terra: *Cristo-Índio (Jece Valadão); Rainha das Amazonas (Norma Bengell).*

1. Mitos Glauberianos do Brasil ou Deleuze Leitor de Glauber

Um bicho conhece a sua floresta; e mesmo que se perca, perder-se também é um caminho.

C. Lispector, *A Cidade Sitiada.*

Quatro anos após a morte de Glauber Rocha, muito próximo ainda das reverberações polêmicas de seu último filme, a posição de sua obra nos quadros da história do cinema é objeto de um arremate decisivo: a inscrição que Gilles Deleuze dela faz no panteão do "cinema moderno", no rol do melhor "cinema político" que já se produziu.

Tal reconhecimento poderia passar apenas como mais um na somatória de tantos que o cineasta pôde desfrutar (?) ainda em vida, se não fosse o peso e interesse crescentes que o pensamento do filósofo foi adquirindo na paisagem cultural contemporânea. No campo do cinema é o caso, por exemplo, do desconcertante reenquadramento que Deleuze opera em sua história, ao se propor o modesto (?) objetivo de continuar e ampliar o sistema de classificação dos signos de Peirce (projeto enunciado no início de *A Imagem-Movimento*). Objetivo que, no entanto, efetua-se produzindo um duplo deslocamento, do cinema e da filosofia: "Tanto assim que sempre há uma hora, meio-dia ou meia-noite, em que não se deve mais perguntar 'o que é o cinema', mas 'o que é a filosofia?'" (na conclusão de *A Imagem-Tempo*)[1].

Glauber definitivamente moderno, um clássico! E ainda por cima no recorte de sua preferência, que foi sempre seu campo de batalha, o de um cinema político. Reconhecimento que em âmbito local substantiva-se, atualmente, em termos como "glauberianas" (1, 2, ...), uma clara

---

1. Gilles Deleuze, *A Imagem-Movimento*, São Paulo, Brasiliense, 1985; *A Imagem-Tempo*, São Paulo, Brasiliense, 1990.

ressonância das "bachianas" de um outro moderno que lhe serviu de referência no campo musical (Villa-Lobos).

Entretanto, no que diz respeito às fortes tintas das apreciações do filósofo pela obra do cineasta, o saldo parece ainda nebuloso. Após um momento (difícil de precisar sua extensão) em que as reações iam do enfado frente a um pensamento de difícil absorção, levando o leitor à desistência nas primeiras páginas, à clausura de um corporativismo vacilante e desnorteado (o que faz um filósofo no território do cinema, terá visto tantos filmes, como ousa tais proposições?), parece ter havido um certo acomodamento de camadas. Uma frase citada ali, uma outra mais acolá, uma proposição que se referenda como instrumental, um conceito que se põe em circulação e se lança na inércia da língua são alguns modos de proceder. Serão, porém, suficientes como medidores de uma penetração deste pensamento ao ponto, até, de incluí-lo no campo de uma análise "pós-estrutural" do cinema?[2]

O dado é que muito pouco (quase nada) se comentou a respeito da leitura que o filósofo faz do cineasta. Unanimidade? Desconcerto? Indiferença? Estranhamente, essa leitura deleuzeana dos mitos glauberianos do Brasil permanece praticamente intocada! Talvez não seja o caso de se proceder fazendo do reconhecimento uma espécie de contrato de dívida para com o outro. Isso porque um dos aspectos mais desafiadores dessa leitura é o de que ela afirma seu apreço construindo, desde sempre, um campo problemático. O que significa que nem a obra do cineasta nem as "visões do Brasil" passam incólumes frente às elaborações de Deleuze. Há, portanto, (o) que se estranhá-las.

O CINEMA POLÍTICO CLÁSSICO VISTO SOB O RECUO DO CINEMA POLÍTICO MODERNO

As referências de Deleuze ao cinema de Glauber aparecem em dois capítulos do livro *A Imagem-Tempo*: no capítulo "O Pensamento e o Cinema", quando de uma passagem em que o autor discorre sobre "dois pólos" que desde sempre atraíram o cinema – uma "fé cristã" e uma "fé revolucionária" – e que persistem nas várias modalidades de "catolicismo" (Rosselini, Bresson, Ford) e de "revolucionarismo" (Glauber, Guney, Eisenstein); no capítulo "Cinema, Corpo e Cérebro, Pensamento", na parte em que circunstancia uma reviravolta em tal revolucionarismo a partir da equação "cinema político moderno"/ "ausência de povo". É nesse capítulo onde se desenvolvem, de maneira

---

2. Tal visão foi apresentada na mesa "Teoria do Cinema Contemporâneo", no I Encontro Anual da Sociedade Brasileira de Estudos de Cinema, em São Paulo, 06-08.11.1997, através da comunicação de Fernão Ramos: "Teoria do Cinema Hoje: Perspectivas".

mais substancial, as considerações do filósofo pela obra do cineasta. Vejamos, primeiro, o campo mais amplo dessa problemática.

As duas primeiras partes do capítulo tratam de duas "figuras" do "cinema moderno": o corpo ("dê-me um corpo") e o cérebro ("dê-me um cérebro"), um "cinema do corpo" e um "cinema do cérebro". Quanto ao "cinema político" (dê-me um povo, poder-se-ia invocar), ele é o objeto da terceira parte. Seu ponto de partida é o "estranhamento" de um cinema político moderno que se constitui não pela "presença do povo" mas, efetivamente, por saber mostrar "como o povo é o que está faltando, o que não está presente".

Com o procedimento de estranhamento Deleuze recompõe o campo de uma problemática cara, ele próprio reitera, ao "Terceiro Mundo" (mas também ao "Ocidente"): o problema do povo, da constituição de um povo. Quanto não se fez disso o foco catalisador dos índices de politicidade desse cinema! Quanto não se fez da intolerável ausência de povo um sintoma de decadência e alienação artística! Mas, como positivar tal ausência, transmutá-la num *leitmotiv* da criação cinematográfica? O ponto nodal do procedimento deleuzeano é reenquadrar a categoria de povo desde a óptica da temporalidade, subtraí-la e deslocá-la do âmbito de uma institucionalização, de uma realização definitiva em um território. É o povo não como dado mas como devir, virtualidade que se atualiza num dinamismo de incessantes "povoamentos". Vê-se, assim, o quanto tal modo de proceder revolve um solo e fossiliza uma renitente busca de identidade, identidade tornada substância de um povo.

A partir desse eixo argumentativo, o da constituição de um povo como problema, o autor enuncia quatro diferenças entre os dois cinemas políticos, o clássico e o moderno.

1. No cinema político clássico, seja o soviético (Eisenstein, Pudovkin, Vertov, Dovjenko), seja o americano (Vidor, Capra, Ford), ainda que "oprimido", "enganado", "submetido", "cego ou inconsciente", o povo existia, "o povo estava presente". Era dado "real antes de ser atual"; persistia, resistia, subsistia, não se constituindo em problema que demandasse solução particular da ordem do acontecer; era, desse modo, povo "ideal sem ser abstrato". Mas tal crença, que fazia daquele cinema a arte revolucionária ou democrática das massas tornadas sujeito, iria sofrer um tríplice abalo: do nazismo, que transformava as massas de sujeito em objeto de assujeitamento; do stalinismo, que "substituía o unanimismo dos povos pela unidade tirânica de um partido"; da decadência do "povo americano", que punha por terra sua auto-imagem de amálgama cultural de povos passados com função germinal de um "povo por vir".

Frente a tal abalo de crença, o cinema político moderno ("se houvesse um cinema político moderno"!?) erguer-se-ia sobre a base seguinte: "o povo já não existe, ou ainda não existe, o povo está faltando".

Deleuze afirma que tal "verdade" não é apenas válida para o "Terceiro Mundo", como também o é para o "Ocidente" (o "já" e o "ainda" da frase). Aí, "eram raros os autores que a descobriam" (Resnais, os Straub, "os maiores cineastas políticos do Ocidente"), pois jazia encoberta nos dispositivos de poder e consenso fundados na "maioria". No "Terceiro Mundo", em contrapartida, com seu contingente de "nações oprimidas", na condição de "perpétuas minorias" com "crise de identidade coletiva", ela irrompia na obra de autores (Brocka, Perrault, Glauber, Chahin) que tomavam tal condição minoritária como móvel de criação de um devir-povo, em vez de fazer dela uma "renúncia ao cinema político". Enfim, nessa primeira diferença entre os dois cinemas, uma conclamação do autor: "É preciso que a arte, particularmente a arte cinematográfica, participe dessa tarefa: não dirigir-se a um povo suposto, já presente, mas contribuir para a invenção de um povo".

2. A segunda diferença diz respeito à relação político-privado. Tornando a invocar Kafka como um intercessor de suas elaborações (as tarefas coletivas que, segundo Kafka, cumpririam as "literaturas menores" na constituição de um povo), Deleuze afirma com ele que "uma fronteira entre o político e o privado", mesmo móvel, mantinha-se nas "literaturas 'maiores'", enquanto "na menor, o assunto privado era imediatamente político". Discernibilidade de ambas as esferas nas "grandes nações", onde o mundo privado (família, casal, indivíduo) podia cuidar "de seus próprios assuntos", mesmo reverberando contradições sociais; indiscernibilidade delas nas "pequenas nações", marcadas por uma "consciência nacional muitas vezes inativa e sempre em vias de desagregação".

Transpondo tal esquema analítico para os dois cinemas, Deleuze propõe que se "o cinema clássico sempre manteve a fronteira que marcava a correlação do político e do privado, e que permitia, por intermédio da conscientização, passar de uma força social a outra, de uma posição política a outra", tal já não acontece com o cinema político moderno. Nele, "nenhuma fronteira subsiste para assegurar o mínimo de distância ou de evolução: o assunto privado confunde-se com o imediato-social ou político". Ausência, assim, de uma "linha geral" que realize as passagens, que permita a "evolução do velho ao novo", que implemente uma "revolução que salte de um a outro". Aqui, a correlação do político e do privado que marcava o cinema clássico é substituída, segundo Deleuze, que agora toma por referência a "noção de 'tropicalismo'" de Roberto Schwarz, pela "coexistência até o absurdo, de etapas sociais bem diferentes". Tal é o que vem dar consistência ao "maior cinema de 'agitação' que se fez um dia". Cinema que se constitui, diferentemente do clássico, não mais "sobre uma possibilidade de evolução e de revolução", mas "sobre impossibilidades, à maneira de Kafka: o intolerável".

3. Porém, reitera Deleuze, essa constatação da ausência de povo, com a impossibilidade de conscientização/evolução/revolução que ar-

rasta consigo, com a crise da "fé revolucionária" que expõe (fé embasada na "conquista do poder pelo proletariado, ou por um povo unido e unificado"), o que vem permitir é uma nova "tomada de consciência". A consciência de que havia não "um" povo, "mas sempre vários povos, uma infinidade de povos, que faltava unir, ou que não se devia unir, para que o problema mudasse". Deixando de ser um dado (povo suposto), passando de um modo de ser real idealizado a um modo de ser atual que se instaura na esfera do acontecimento, o povo virtualiza-se na exata medida em que "só existe enquanto minoria, por isso ele falta". Fracasso, assim, "das tentativas de fusão ou de unificação", do empenho de unidade e totalidade tirânicas do povo. É com base nessa "fragmentação", nesse "estilhaçamento" do povo numa multiplicidade de povos, que se constitui o cinema político moderno. Tal é sua terceira diferença.

4. A quarta e última diferença característica deste cinema diz respeito à figura do autor, à sua posição no campo problemático dos acontecimentos de um devir-povo. Kafka é, mais uma vez, um intercessor que abre vias. Segundo Deleuze, ele propunha que o estado de rarefação de "grandes talentos", de "individualidades superiores", nas "literaturas menores" (de minorias), deixava o autor sem "condições de produzir enunciados individuais, que seriam como que histórias inventadas". Mas tal obstáculo, compondo-se com a ausência de povo, o que indica é que "o autor já está em condições de produzir enunciados coletivos, que são como que os germes do povo por vir, e cujo alcance político é imediato e inevitável". É assim, nos interstícios da dupla ausência de enunciados individuais e de povo, que o autor converte-se em "agente coletivo", "fermento coletivo", "catalisador". Transpondo da literatura tal "sugestão" kafkiana, Deleuze afirma que ela é "ainda mais" pertinente para o cinema, dadas as "condições coletivas" que ele reúne.

Ou seja, o cineasta defronta-se com uma dupla colonização do povo: com uma "exocolonização" (das "histórias vindas de outros lugares") e com uma "endocolonização" (dos "próprios mitos" transformados em "entidades impessoais à serviço do colonizador"). Frente a essa situação, propõe Deleuze, nem o autor deve "fazer-se etnólogo do povo" nem tornar-se inventor de uma "ficção pessoal". Ambos os caminhos constituem uma espécie de captura "a serviço do colonizador". Resta ao autor, para efetivamente tornar-se "agente coletivo" de um povo por vir, "a possibilidade de se dar 'intercessores', isto é, de tomar personagens reais e não fictícias, mas colocando-as em condições de 'ficcionar' por si próprias, de 'criar lendas', 'fabular' ". Autor e personagem rumam, desse modo, um para o outro num "duplo devir". O que daí ressalta é um terceiro produto: nem "mito impessoal", nem "ficção pessoal", mas a obra constituindo um "ato de fabulação". A fabulação enquanto "uma palavra em ato, um ato de fala pelo qual a personagem nunca pára de atravessar a fronteira que separa seu assunto privado da política, e produz, ela própria, enunciados coletivos". Daí o cinema do "Terceiro Mundo", menos do que o "Ocidente" gostaria que fosse, não ser "um cinema que dança", mas "um cinema que fala, um cinema do ato de fala".

O CINEMA POLÍTICO DE GLAUBER: TRÊS NÓS DE TENDÊNCIAS

Reenquadremos as proposições do pensamento deleuzeano de modo a pôr o foco, agora, no cinema político de Glauber Rocha, com mais especificidade.

Vimos como a primeira referência que a ele se faz é a de situá-lo no âmbito de um "revolucionarismo" que, junto com uma "catolicidade", constituem pólos atratores e persistentes na história do cinema. Tal referência é retomada no solo da terceira diferença entre os dois cinemas, a da tomada de consciência do povo estilhaçado em minorias que vem obstaculizar os empenhos de unificação e totalização. Agora, o revolucionarismo de Glauber é tipificado sob a forma de um "guevarismo", a par com um "nasserismo de Chahin", com um "black-powerismo do cinema negro americano". Seu traço mais marcante: o investimento num horizonte revolucionário, numa "fé revolucionária" crente da "conquista do poder pelo proletariado, ou por um povo unido e unificado". E é pela via desse investimento, dessa vontade de revolução que "esses diretores ainda participam da concepção clássica"; mantêm um pé naquela concepção, na medida em que "puderam acreditar nisso por um momento".

Observe-se, aqui, o quanto esse parâmetro da revolução constitui-se como divisor de águas dos dois cinemas; mas, também, o quanto daí reverbera do anti-autoritarismo do autor em sua exposição desse empenho de unificação e totalização "tirânicas" do povo. Desfaz-se, assim, um vínculo que durante anos assimilou cinema político com cinema revolucionário. De acordo com as categorias deleuzeanas do "clássico" e do "moderno", o cinema político moderno, contrariamente ao seu balizamento no horizonte revolucionário que até recentemente se fazia, constitui-se no ponto de fuga de uma nova tomada de consciência que faz soar "a morte da conscientização", lançando a "fé revolucionária" no universo clássico. Todo o problema desse cinema, deixando de ser um investimento de fé num mundo transformado, para converter-se num reinvestimento de "crença neste mundo". Daí sua percepção crucial da fragmentação e estilhaçamento do povo numa infinidade de minorias, criando condições para que os termos do problema mudassem.

Os dois filmes de Glauber onde mais subsiste (o real) tal "fé revolucionária", são certamente *Barravento* (1962) e *Deus e o Diabo na*

Terra do Sol (1964). Deles, apenas o segundo figura no rol da filmografia do cineasta citada por Deleuze.

Dentre os nós de tendências na obra do cineasta que a leitura do filósofo expõe, configuram-se mais dois problemas. Um é o do "eu do intelectual" tantas vezes "retratado por Glauber Rocha". Figurando no âmbito da quarta diferença do cinema político moderno, a do autor tornado "agente coletivo" do povo por vir, tal problema concerne ao lugar da memória nas "pequenas nações".

Deleuze confere à memória um sentido que é fuga das significações dominantes, fuga do que já se cristalizou desse conceito. Ressaltando o quanto no cinema do "Terceiro Mundo" a memória é invocada, ele discrimina que não se trata nem de "memória psicológica como faculdade de evocar lembranças, nem mesmo (de) uma memória coletiva como a de um povo existente". Ela seria "a estranha faculdade que põe em contato imediato o fora e o dentro, o assunto do povo e o assunto privado, o povo que falta e o eu que se ausenta, uma membrana, um duplo devir". Daí, reiterando Kafka, a "força que a memória adquire nas pequenas nações": por ser mais "curta", relativamente à de uma grande nação, "ela trabalha mais a fundo o material existente". Nem psicológica nem coletiva, ela se constitui como interface "do mundo e do eu", só que "um mundo parcelar e um eu rompido que estão sempre se trocando".

Ora, problematiza o filósofo, não é esse "o eu do intelectual do Terceiro Mundo" que aparece retratado no cinema de Glauber. Intelectual "que deve romper com o papel de colonizado" e que, no entanto, "será que só pode fazê-lo passando para o lado do colonizador, ainda que apenas esteticamente, devido a influências artísticas?". Nesse nó que Deleuze recorta no pensamento de Glauber persistem reverberações do problema da revolução. Mundo parcelar e eu rompido que se comunicam, articulando o campo da memória nas "pequenas nações": eis algo estranho e intolerável a um horizonte revolucionário tão intensamente composto de visões totalizantes e teleológicas do mundo! Pode-se considerar que essa problematização investe e engloba tanto o intelectual retratado quanto o retratista. Embora, a seguir, o filósofo restitua ao cineasta o crédito de demolidor de mitos. O que não apaga a ressonância da exposição da dívida estética para com o colonizador, dívida das "influências artísticas". Ressonância que faz eco a uma outra, e que diz respeito ao filósofo: sua reiteração de uma sociologia da representação que correu mundo (foi divulgada em *Les Temps Modernes* desde 1970) como visão de um Brasil macaqueador, a proposição de Roberto Schwarz a respeito das "idéias fora do lugar"[3]. Nesse

---

3. O texto de Schwarz, "As Idéias Fora do Lugar", foi publicado como introdução ao estudo (metade) sobre Machado de Assis (com um capítulo prévio sobre Alencar), em 1977. Nele o autor reconstrói a problemática da importação

sentido, além do intelectual retratado (o colonizado), do intelectual retratista (o cineasta), o filósofo-leitor de Glauber implica-se no solo que vasculha. Isso porque, inesperadamente, o nomadismo do filósofo, aliado da reterritorialização do sociólogo, apodera-se de algo do "colonizado". Se esse fosse o caso, dívida por dívida...

Um terceiro problema que se inflete na leitura que Deleuze faz do cinema de Glauber é quanto ao aspecto da composição das personagens. Vimos como, impossibilitado de tornar-se etnólogo ou inventor de uma ficção pessoal, restava ao autor "a possibilidade de se dar 'intercessores', isto é, de tomar personagens reais e não-fictícias", pondo-as a "fabular". Conseguindo escapar tanto da etnologia quanto da ficção, o cinema de Glauber, entretanto, opera com um modo de constituição das "partes" que permanece entre real e ficção.

Aqui, Deleuze discrimina três categorias de personagens: reais, recompostas e fictícias. Diz ele, ao comentar da "operação que Glauber Rocha fazia sobre os mitos do Brasil" (citando no rol de filmes: *Deus e o Diabo na Terra do Sol, O Dragão da Maldade Contra o Santo Guerreiro, O Leão de Sete Cabeças* e *Cabeças Cortadas*):

> O transe, o fazer entrar em transe é uma transição, passagem ou devir: é ele que torna possível o ato de fala, através da ideologia do colonizador, dos mitos do colonizado, dos discursos do intelectual. O autor faz entrar em transe as partes, para contribuir à invenção de seu povo, que é o único capacitado a constituir o conjunto. Mas as partes não são exatamente reais em Glauber Rocha, porém recompostas (e, em Sembene, são reconstituídas numa história que remonta ao século XVII). É Perrault, na outra ponta da América, que se dirige a personagens reais, seus "intercessores", para barrar qualquer ficção, mas também para fazer a crítica do mito.

Procedendo pela "colocação em transe" das partes (colonizador, colonizado, intelectual), os personagens-intercessores de Glauber são figuras "recompostas" a partir de personagens reais, oriundas ora do campo do misticismo, ora do banditismo, ora de alguma herança histórica colonial. O que implicaria, na leitura do filósofo, num "ato de fabulação" mais frouxo, ainda ambivalente e conectado com o campo das

---

cultural, equacionada nessa construção que se tornou canônica, a partir do romance brasileiro do século XIX. Vejo o germe desse texto num outro, mais pontual, escrito em 1969-1970, "Cultura e Política, 1964-1969", onde faz um balanço da efervescência cultural do período, chegando até a atualidade do tropicalismo, Arena, Oficina, Glauber (pós *Terra em Transe*) etc. Uma versão desse texto (publicado no Brasil em 1978) foi publicada, antes, na França (*Les Temps Modernes*, n. 288, julho de 1970). Dessa versão se utilizará Deleuze para comentar o "cinema da América do Sul", no caso o cinema glauberiano. Roberto Schwarz, "Cultura e Política, 1964-1969", *O Pai de Família e Outros Estudos*, Rio de Janeiro, Paz e Terra, 1978. "As Idéias Fora do Lugar", *Ao Vencedor as Batatas: Forma Literária e Processo Social nos Inícios do Romance Brasileiro*, 2ª ed., São Paulo, Duas Cidades, 1981.

grandes narrativas clássicas (totalizantes)? Nos três nós problemáticos que se pode compor da leitura de Deleuze, o problema da revolução, o problema do intelectual, o problema dos personagens-intercessores, o cinema político de Glauber Rocha é, ressalte-se, um cinema cujo "fazer entrar em transe" implica-se a si mesmo. Ele é, nesse sentido, também "transição", "passagem", "devir", procedendo por crises. Cinema político moderno que não pára de se constituir, concomitantemente ao seu objeto – o povo. Daí uma nova compreensão da enigmática frase de Deleuze: "se houvesse um cinema político moderno...".

AGITAÇÃO, TRANSE, CRISE

Cinema político moderno que se constitui de múltiplas diferenças-características com relação ao clássico: ausência de povo, indiscernibilidade entre privado e político, consciência da fragmentação do povo numa infinidade de minorias, o autor como agenciador de atos de fabulação de um povo por vir. Posição do cinema de Glauber nesse conjunto, destacado em sua intensidade estratégica de fazer tudo entrar em transe, de proceder pela "colocação em transe" das partes, um outro modo sendo o da "colocação em crise" (Perrault).

Vamos nos deter um pouco na correlação transe-crise, pois ela constitui um suporte do que chamarei de elementos de uma analítica do "Terceiro Mundo", de Deleuze. E é remetendo a tal correlação que ele assim conclui seu capítulo: "Em regra geral, o cinema do Terceiro Mundo tem esse objeto: através do transe ou da crise, constituir um agenciamento que reúna partes reais, para fazê-las produzirem enunciados coletivos, como a prefiguração do povo que falta (e, como diz Klee, 'não podemos fazer mais que isso')". Retomarei, adiante, esse problema da "regra geral" e do "fazer", enunciado na citação dessa fala de Paul Klee.

A noção de transe constitui proposição central do pensamento estético-cinematográfico de Glauber, e Deleuze, efetivamente, absorve dela grande energia conceitual. Mas ela está em correlação com uma outra noção, a de crise, de tal modo que se pode dizer que entre transe e crise há diferença e indiscernibilidade. Tanto o cineasta quanto o filósofo se atêm a essa discriminação.

Há uma fala de Glauber Rocha, da época da realização de *Terra em Transe*, em 1967, que é das mais elaborativas em relação a esse aspecto. Citemos:

> Convulsão, choque de partidos, de tendências políticas, de interesses econômicos, violentas disputas pelo Poder é o que ocorre em Eldorado, país ou ilha tropical. Situei o filme aí porque me interessava o problema geral do transe latino e não do brasileiro em particular; é um momento de crise, é a consciência do

barravento, que significa "momento de transformação". Antes do "barravento" existe o "transe". Depois de *Deus e o Diabo*, isto é, depois das dúvidas metafísicas, chegam as dúvidas políticas. Somente depois das crises morais, o homem estará preparado para a lucidez. Isto não é filosofia, é uma explicação do que é, e por quê, "transe". E transe é também a "crise em violência", o momento entre o Som e a Fúria é o transe[4].

Discriminemos as proposições, primeiro no campo da diferença: a crise é "consciência do barravento", do "momento de transformação", mas "antes" da transformação "existe o transe". Há aí uma relação de precedência, o transe precede a crise. Mas, quando a crise é explosiva, quando se manifesta ao modo da disrupção, quando se desencadeia como "crise em violência" é o momento em que transe e crise se indiscernem. Indiscernibilidade de um antes e depois, quando já não se pode saber quando um transe precede uma crise ou quando a conclusão de um momento crítico, de transformação, torna a pôr tudo em transe novamente. Entre-tempo, extra-tempo, que vêm configurar, efetivamente, um estado de "agitação". Estado cuja descrição abre essa fala de Glauber: "convulsão", "choque", "tendências", "violentas disputas".

Ora, é partindo desse conjunto de proposições – agitação, crise, transe – que Deleuze põe sob óptica o cinema de Glauber como o "maior cinema de 'agitação' que se fez um dia". Antes de deter-me na operação "corta-mito" que, segundo o filósofo, particulariza o cineasta, vejamos como Deleuze absorve e repropõe tais noções.

Primeiro a correlação agitação-transe:

a agitação não decorre mais de uma tomada de consciência, mas consiste em fazer tudo entrar em transe, o povo e seus senhores, e a própria câmera, em levar tudo à aberração, tanto para pôr em contato as violências quanto para fazer o negócio privado entrar no político, e o político no privado (*Terra em Transe*).

O estado de agitação não é mais o que se implica numa tomada de consciência revolucionária (Glauber distingüia um "cinema de agitação", "antes da revolução, em regime capitalista", de um "cinema didático", pós-revolução)[5]. É um estado de suspensão da consciência, dessa consciência, dela posta em transe ao modo, já se observou, do impasse, de uma "impossibilidade". Daí o mito, o investimento em sua direção tornar-se tão crucial: é por sob ele que o transe vem escavar uma "pulsão bruta", pôr em relevo "um atual vivido, que designa ao mesmo tempo a impossibilidade de viver".

Deleuze ressalta que esse investimento no mito "pode fazer-se de outras maneiras, mas não deixa de constituir o novo objeto do cinema

---

4. Sidney Rezende (org.), "Seus Filmes", *Ideário de Glauber*, Rio de Janeiro, Philobiblion, 1986.
5. Citado em Barthélémy Amengual, "Glauber Rocha ou os Caminhos da Liberdade". In: Vários Autores, *Glauber Rocha*, Rio de Janeiro, Paz e Terra, 1977.

político" que é, precisamente, "fazer entrar em transe, em crise". E aqui o filósofo discrimina transe e crise como dois estados diferenciados. Se em Glauber/Brocka o transe se encerra na escavação de uma pulsão bruta, em Pierre Perrault é diferente: "o que temos é estado de crise, não de transe. São buscas obstinadas, mais que pulsões brutais". Buscas obstinadas do "mito das origens" que não atestam menos "a impossibilidade de viver nessas condições, para o colonizado que esbarra num impasse a cada direção que toma".

Bem, estado de transe-pulsões brutais, estado de crise-buscas obstinadas: tais são os modos de os cineastas terceiromundistas procederem na constituição de atos de fabulação que, não sendo nem mito impessoal nem ficção pessoal, são portadores de enunciados coletivos enquanto "prefiguração do povo que falta". E aqui pode-se explicitar a operação "antimito" com que, segundo Deleuze, Glauber contorna o problema da "etnologia".

Tal operação consiste nos seguintes aspectos:

1. Ela é eminentemente crítica, "crítica interna" do mito;
2. Não se trata de "analisar o mito" de modo estrutural, buscando "descobrir seu sentido ou estrutura";
3. Os mitos-objetos são "os mitos do povo" (o "profetismo e o banditismo"), "os mitos do Brasil";
4. Compreende dois passos: a) primeiro, desgarrar "por baixo do mito, um atual vivido, a impossibilidade de viver agora 'nesta' sociedade (*Deus e o Diabo na Terra do Sol*)"; b) passando, depois, "a arrancar do 'invivível' um ato de fala que não pudesse ser calado, um ato de fabulação que não seria uma volta ao mito, mas uma produção de enunciados coletivos capazes de elevar a miséria a uma estranha positividade, a invenção de um povo (*Antonio das Mortes, O Leão de Sete Cabeças, Cabeças Cortadas*)".

A colocação em transe, característica do procedimento glauberiano, é, sintetizando, o que "torna possível o ato de fala", a palavra em ato que constitui a fabulação enquanto memória. Memória que não é nem psicológica nem coletiva, contornando os riscos de "passar para o lado do colonizador" (embora, como observou-se, tal risco ronde o cineasta). Eis a configuração crítica, a consistência política desse cinema.

UMA ANALÍTICA DELEUZEANA DO "TERCEIRO MUNDO"

Isso posto, pode-se, finalmente, proceder com um rápido levantamento e comentário do que nomeei de elementos de uma analítica deleuzeana do "Terceiro Mundo". Analítica que o pensamento do filósofo, efetivamente, constrói como embasamento às exigências postas à arte cinematográfica nessas regiões. Nela, tanto um sentido de autoria em Glauber quanto os mitos glauberianos do Brasil são objetos de vários investimentos, que nem por isso deixam de produzir certos estranhamentos no leitor de Glauber (e do cinema brasileiro) e leitor do leitor de Glauber. Vejamos.

Apenas para sintetizar e recortar uma base de lançamento, o teor mais geral dessa parte do capítulo do livro de Deleuze é da ordem do que tem de "político" o cinema moderno, qual sendo a contribuição dessa componente ao pensamento (invenção de uma fabulação-memória de um devir-povo). O que significa que, enquanto cinema moderno, o cinema do "Terceiro Mundo" também é investido dos aspectos que compõem os outros embasamentos da "imagem-tempo".

Podem-se recortar como elementos primários dessa analítica deleuzeana: "Terceiro Mundo", povo, autor de cinema, conjugados numa constelação do cinema político moderno.

A primeira operação a ressaltar é a cartográfica. Ela abre, de forma entusiástica, com uma inscrição do "Ocidente": "Resnais e os Straub certamente são os maiores cineastas políticos do Ocidente, no cinema moderno". De sobrevôo em sobrevôo, sob as siglas continentais Ásia/África/América, o "Terceiro Mundo" desponta e nele a América do Sul, o Brasil, Glauber Rocha, cinco de seus filmes. É assim que, em movimento contrário, o cinema de Glauber é tomado pelo cinema do Brasil, que é tomado pelo "cinema da América do Sul", que é um cinema do "Terceiro Mundo". O procedimento vai, desse modo, o tempo todo, do todo às partes e das partes ao todo. Mas nele as partes são, muitas vezes, dotadas de um estranho movimento de totalização, quando são recobertas de um único aspecto que não deixa de funcionar como uma espécie de "abre-te sésamo!" da construção. E isso independentemente de todo o esforço e proposta de "circunstancialização" que o pensamento de Deleuze põe a si. Particularizemos isso na cartografia "Brasil".

Numa única nomeação, o Brasil aparece em correlação com seus mitos: "os mitos do Brasil". Ora, não é o campo mítico contra o que mais investe o filósofo? O mito é, assim, investido de um estranho (mas também muito familiar) anacronismo que, apesar disso, não deixa de mobilizar os esforços do pensamento. Ele se põe como: a) espécie de magma da "pulsão bruta"; b) estrato que é expressão de um confuso amontoado do social que compõe uma temporalidade passada, do "velho"; c) entidade impessoal "a serviço do colonizador" (endocolonização), aliada de "histórias" que o remetem (exocolonização). Brasil, portanto, visto desde os "seus" mitos. E que mitos são esses?

Trata-se da segunda operação a ressaltar dessa analítica, chamemo-na de sociológica. Os mitos são "os mitos do povo, o profetismo e o banditismo". Com a categoria de povo o pensamento de Deleuze suspende, pelo menos num segundo momento, o desconforto que vimos investido no mito. Há, primeiro, um povo "oprimido, enganado, submetido, cego ou inconsciente" (cinema político clássico). O povo, aí, faz-se presente de forma eminentemente negativa (daí colocar Glauber com um pé nesse cinema). Há, segundo, um estilhaçamento do povo em minorias cuja nova consciência é se constituir como devir-povo. O povo aí se faz ausente, mas investido da positividade que o põe diante de um ato de desassujeitamento. Dotado dos mitos do profetismo e banditismo, dessas pulsões arcaicas que o cineasta expõe como "perfeitamente" atuais, o povo do Brasil agita-se num reviramento de camadas que é "uma justaposição ou uma compenetração do velho e do novo que 'compõe um absurdo', toma 'a forma da aberração'" (aqui Deleuze citando Schwarz). É todo o esforço desse povo de fazer o público entrar no privado e vice-versa. Indiscernibilidade que não deixa de reverberar o "tudo é político" (anos de 1960), numa configuração temporal (a de Deleuze, anos de 1980) de fortes problematizações, inquietações e lamentações, sobre uma perda-fim do "espaço público". E quem se torna maestro nesse concerto dissonante?

Chegamos, então, a uma terceira operação da analítica deleuzeana, a qual podemos chamar de operação dos agenciamentos. Trata-se, para usar o vocabulário famigerado de uma época, do renitente "papel" do intelectual. Numa reverberação da crítica do mito, aqui Deleuze lança todo o seu fósforo contra as "etnologias", particularmente uma de feição mais próxima, a estrutural. O que, sublinhemos, não o alinha com uma crítica "pós-estruturalista". Como o campo etnológico, enquanto procedimento do pensamento mas também pela "política" que enseja, é aqui alvo das imprecações do filósofo! Mas é também aqui onde talvez mais se exponham as dissonâncias de procedimentos que operam com questões "modernas", propondo construir tal campo, sem abolir o referencial de categorias "clássicas" (algumas revigoradas).

Tome-se o sentido de "etnologia" empregado por Deleuze. Ele não ultrapassa, efetivamente, o campo das significações dominantes, supostas, dadas. O etnólogo contra o qual pragueja o filósofo é aquele cujo perfil era o de tornar familiar o estranho, procedendo, primeiro, através da observação de gabinete, depois, através da observação participante; de um povo suposto nas descrições de informantes ao povo "convivido" das estadas em campo. Eis o itinerário de uma antropologia hoje recuada sob o modo do "clássico". Muito já se problematizou sobre as cumplicidades de seus procedimentos com os processos de colonização, sobre a fusão nela das figuras de etnólogo/colonizador/dominador. Mas Deleuze não deixa de tomá-la como contraponto. E a toma, abstratamente, desde um ponto, a antropologia estrutural, que é já um recuo frente ao modo clássico de operação, que vem inaugurar um novo "papel" que caberia ao etnólogo-antropólogo no pós-guerra. Mais que isso, a partir da reviravolta do estruturalismo o campo antropológico se renova, numa bipartição que engloba a própria cultura do etnólogo (tornar estranho o familiar), atingida em sua função modelar heurística. É a fragmentação de campo hoje repartido entre dois grandes blocos: etnologia indígena e antropologia de sociedades complexas. Complexidade certamente problemática, mas por isso mesmo muito mais nuançada em seus desdobramentos, aspecto que o móvel da imprecação no filósofo passa por cima[6].

Tudo isso para elaborar uma nova (?) função para o intelectual-autor de cinema: que não seja nem um artista-inventor de ficção pessoal, impossibilidade que o contexto rarefeito onde vive coloca, nem um etnólogo-coletor de mitos impessoais, atividade politicamente favorável aos "senhores". Resta-lhe a possibilidade de se tornar um agenciador na produção de "enunciados coletivos". O que não significa fundir-se com seu povo, com um povo dado, já que "por mais que o autor esteja à margem ou separado de sua comunidade, mais ou menos analfabeta, essa condição ainda mais o capacita a exprimir forças potenciais e, em sua própria solidão, ser um autêntico agente coletivo, um fermento coletivo, um catalisador".

Obviamente, aqui se está longe dos modelos de intelectual revolucionário, orgânico ou engajado, que fizeram fortuna no pós-guerra. Longe, sobretudo, no que diz respeito às exigências de uma militância política em meio a um povo hiperidealizado, onde o intelectual-artista cumpria a função de agente totalizador. Isso porque, agenciar enunciados coletivos, doravante pode-se fazer na "ausência de povo" ou colocando o povo num horizonte minoritário em que o "povoamento" faz-se desde o artista, dele tornado germe de povo por vir. Daí a marginalidade, separação, solidão, em relação à comunidade, não constituir-se em problema (muito pelo contrário...).

Deleuze formula tais exigências (que não chegam a ser "imperativas", mas condicionadoras de uma atividade efetivamente criativa) a partir do escritor (Kafka) e pintor (Klee) de procedências nacionais minoritárias (Tchecoslováquia e Suíça). No que isso possa dizer respeito a um leitor do Brasil – "Terceiro Mundo" –, há um estranhamento que se torna mais inquietante quando o filósofo reúne como intercessores de suas proposições, além do escritor e pintor, o sociólogo das "idéias fora do lugar". É verdade que dele toma uma "noção de tropicalismo", mas para juntar a um diagnóstico dos anos de 1950, o dos "tristes trópicos" (Lévi-Strauss), um diagnóstico do "absurdo", da "aberração". Mais que isso, para expor o quanto o cinema glauberiano é catalisador de tais intensidades. Como afirmam os versos da música de Caetano: "O Brasil é um absurdo, tudo bem nada mal...".

Mas, o adjetivo "kafkiano", caudatário das situações absurdas, parece se aplicar também aqui com toda pertinência. As questões que

---

6. Sobre a etnologia como "contraciência", ver o magistral livro de Michel Foucault, *As Palavras e as Coisas: Uma Arqueologia das Ciências Humanas*, 2ª ed., São Paulo, Martins Fontes, 1981, cap. X, "As Ciências Humanas".

saltam de todo esse imbróglio são: como justificar as imprecações lançadas ao etnólogo num momento, para em outro tomar o etno-sociólogo como informante-intercessor de uma visão do Brasil? Por que a captura do Brasil num cinema que, se não é etnológico (embora num primeiro momento, à época de *Barravento* e de *Deus e o Diabo*, quisesse sê-lo), não procede mais que como "contra-mito", portanto, no mesmo solo dessas matérias tão desqualificadas pelo filósofo? Teria esse "Brasil" visto desde os seus mitos (os "mitos do Brasil"), a mesma consistência daquilo que Hannah Arendt formulou a respeito do Terceiro Mundo, que ele não seria "uma realidade" mas tão somente "uma ideologia"?[7]

A propósito: na hipótese de uma conexão do pensamento de Deleuze com paixões mais alegres, no âmbito específico dessas elaborações, o que teria resultado de seu encontro com intercessores locais como Oswald de Andrade e Hélio Oiticica? Em ambos, com suas proposições dos atos antropofágico e superantropofágico, do ato experimental e do estado de invenção, da resistência positiva frente à diluição que as contaminações globais portam consigo[8], não teria o filósofo encontrado seu Kafka e seu Klee mais apropriados? Expõe-se, aqui, o quanto o problema das "impropriedades" do pensamento, se esse for o caso, pode atravessar um circuito reversível (vai e vem).

Mas, ao invés disso, a conclusão desse capítulo sobre o cinema político do "Terceiro Mundo", pondo em circulação uma "regra geral" e corroborando o filósofo com as palavras do pintor – "não podemos fazer mais que isso" –, evoca-nos um comentário de Barthélémy Amengual, num texto (também citado por Deleuze) sobre "os caminhos da liberdade" em Glauber Rocha:

> Pode-se considerar que essa condição de perpétuo colonizado, perpetuamente posta em causa pela *intelligentsia* burguesa brasileira, vem há um certo tempo encontrando uma correspondência entre os "colonizadores" europeus. A vanguarda artística é forçada a constatar seu fracasso a cada processo novo que inventa. Como Armand Gatti depois de Rosa Spartakus: "Não importa o que eu faça, estou do lado dos privilegiados. Sou o palhaço do sistema. Se ele não está de acordo comigo, me manda passear; se me aceita, é que isso sob certos aspectos serve a ele. Estou a serviço de uma cultura pensada por uma classe que explora outra"[9].

Eis aí o que chamei de processos de endo e exocolonização em sua reversibilidade do "Terceiro Mundo" para o "Ocidente". O pensamento

---

7. Hannah Arendt, *Crises da República*, São Paulo, Perspectiva, 1973.
8. Ver a esse respeito, meu texto: Francisco Elinaldo Teixeira, "Da Estação Primeira de Mangueira à Documenta de Kassel: Hélio Oiticica nas Redes do Virtual", *Percurso*, Revista de Psicanálise, Ano XII, n. 23, São Paulo, segundo semestre de 1999.
9. Barthélémy Amengual, "Glauber Rocha ou os Caminhos da Liberdade", *op. cit.*

nômade de Deleuze, sem dúvida reconstrói e renova, dando novo alento, categorias que pareciam petrificadas nos discursos dominantes (povo, memória, fabulação), assim como soterra de vez categorias derivadas (identidade, nacional). Quanto ao cinema de Glauber, o deslocamento que aí se opera da problemática do mito para a da fabulação é bastante profícuo para novas abordagens que se arrisquem a ir além da obra marcada pelos "transes". Mas, o "olhar distanciado" (de etnólogo?)[10] com que o filósofo atravessa mares, não deixa de recompor e insistir num "terceiromundismo" (como afirma: "fome, sede, sexualidade, potência, morte, adoração") que, de forma inesperada, estende e amplia suas desterritorializações, atualmente, nos interstícios abertos entre o global e o local.

---

10. A expressão é de Lévi-Strauss, impressa como título de um livro de ensaios onde aborda grandes temas antropológicos como parentesco, organização social, mitologia, ritual, arte. Ela aponta para a composição de um olhar antropológico em relação aos seus "objetos", não no sentido de que a distância seria asseguradora de um conhecimento mais consistente, mas em relação à possibilidade de limá-los do que é resto, sobra, supérfluo. Claude Lévi-Strauss, *O Olhar Distanciado*, Lisboa, Edições 70, 1986.

Cenas de A Idade da Terra: *John Brahms e Cristo-Militar (Maurício do Valle e Tarcísio Meira); Cristo-Negro (Antonio Pitanga).*

Cenas de A Idade da Terra: *Cristo-Guerrilheiro (Geraldo d'El Rey); Madalena e Cristo-Militar (Ana Maria Magalhães e Tarcísio Meira).*

2. Dos Transes às Arqueogenealogias: A Terra e suas Idades

> *Do filme* Di Cavalcanti *para cá eu rompi com o cinema teatral e ficcional que fiz de* Barravento *até* Claro. *A* Idade da Terra *é a desintegração da seqüência narrativa sem a perda do discurso infraestrutural que vai materializar os signos mais representativos do Terceiro Mundo.*
>
> G. Rocha,
> entrevista ao jornal *O Estado de S. Paulo*.

O filme *A Idade da Terra* conclui a octologia glauberiana "do Terceyro Mundo" e, com a morte (1981), sua obra. Ele não compõe (assim como *Barravento* e *Claro*) o rol de filmes do autor que entram no campo das análises deleuzeanas. Apenas indiretamente tal filme surge em seu horizonte, bem próximo ainda da onda polêmica que levantou nas primeiras exibições na Europa (Festival de Veneza, 1980). Trata-se de entrevista de Deleuze com P. Bonitzer/P. Narboni, para os *Cahiers du Cinéma*, em 1982. Aí, após comentários do filósofo quanto à "questão da verticalidade" na arte-cinema, lemos, no início da nova pergunta dos entrevistadores (sobre a "noção de olhar", ausente das análises de Deleuze sobre cinema), o seguinte: "Talvez colocar em xeque a verticalidade seja, com efeito, uma das grandes questões do cinema moderno: está no cerne, por exemplo, do último filme de Glauber Rocha, *A Idade da Terra*, filme esplêndido e que comporta planos inverossímeis, verdadeiros desafios à verticalidade"[1].

Mas embora de forma tão indireta, tem-se às vezes a sensação de que tal filme funciona como uma espécie de "reserva" das análises do filósofo, solo último de uma inflexão que põe em recuo um antes e que constitui um lugar (um depois) da fala atual. É possível que o trânsito glauberiano do mito à fabulação, através do ato de extração das matérias que comporão a "fuga" do mito, tal como se desenha o desloca-

---

1. Gilles Deleuze, "Sobre a Imagem-Movimento", *Conversações (1972-1990)*, Rio de Janeiro, Ed. 34, 1992.

mento que Deleuze vê nele se operar, encontre no solo deste último filme um diagrama de seu novo (mais recente) porto. Distanciando-se do etnólogo (busca de "sentido ou estrutura arcaica" do mito) o devir-cineasta de Glauber infletir-se-ia, assim, no de um arqueólogo-genealogista (escavação de novos "povoamentos" por entre idades de uma Terra atual)?

O NÃO-LUGAR DE TODOS OS LUGARES

No final do "primeiro tratamento de *A Idade da Terra*", de 1977, cujo título era "Anabaziz – O Primeiro Dia do Novo Século", Glauber apõe as seguintes observações: "Esta é a tradução, ligeiramente modificada, da versão em inglês, que foi recusada por vários produtores internacionais e proibida no México. O diretor se reserva o direito de modificar diálogos e cenas nas filmagens mas não se afastará da estrutura nuclear, da mensagem nem do elenco, permitindo o convívio da planificação com o improviso"[2].

Destaque-se aí o móvel da versão que preside tais observações, o móvel da versão que se reatualiza a cada transcrição. Ele se mantém igualmente atuante quando se põe em interface o "primeiro tratamento" e o filme realizado. Em ambos, é um planeta à deriva no cosmos (um fora), imerso na temporalidade (de dentro) de um novo milênio, que constitui as linhas mais amplas que comportam essa "desintegração da seqüência narrativa". Desintegração "nuclear", seja enquanto reverberação de um horizonte atual, de uma situação atual, seja enquanto modo desconstrutivista de proceder, um "anarco-construtivismo", um "transrealismo"[3].

"Anabaziz": um anabatismo do Brasil? Um novo batismo que vem operar a passagem do mito à religião como atualidade imediata e concreta. Dos "mitos do Brasil" (profetismo, banditismo), realidade subsistente a um olhar mais difuso e distanciado, ao magma religioso nuclearizado nas figuras desse personagem real panreligioso: Cristo. Ele vem se tornar, nesse último roteiro de uma cartografia sempre aberta (se alargando), o personagem real glauberiano que, quadripartido, (re)comporá seus intercessores. Ou seja, retomando a configuração conceitual deleuzeana, o ato de fala que constitui a fabulação é agora escavado no solo atual (atualizado) de uma "cristandade descristi-

---

2. Glauber Rocha, "Anabaziz – O Primeiro Dia do Novo Século". In: Orlando Senna (org.), *Roteiros do Terceyro Mundo*, Rio de Janeiro, Alhambra-Embrafilme, 1985.
3. Sidney Rezende, "Seus Filmes", *Ideário de Glauber*, *op. cit.* Ivana Bentes (org.), "Introdução", *Glauber Rocha: Cartas ao Mundo*, São Paulo, Companhia das Letras, 1997. Samuel Averbug, "A Utopia do Novo Kryzto", *Cinemais*, n. 3, Rio de Janeiro, jan.-fev. de 1997.

ficada", com a composição do personagem real (Cristo) expondo o modo de proceder por recomposição das partes (as quatro figuras crísticas). Veremos como isso se dá no face a face do "primeiro tratamento" com o filme.

Em "Anabaziz" a construção cartográfica ainda se funda na recomposição das partes, operando-se em vários planos:

1. Geopolítico. Uma "Amérika" ("país imaginário") sob cuja esfera se encontram uma "Europa" unificada, com capital em "Walka"; uma "Ázia" com capital em "Kamylia"; uma "Áfrika" remetida a "Ogulaganda", que é "capital das colônias de Amérika em Áfrika e Ázia"; um "Eldorado" onde "explodiu uma revolução";

2. Sociológico. Um planeta colocado sob a óptica de "conquistas" que já se efetuaram, comemorando "um dia de glória porque conseguimos a paz mundial". Mas onde o móvel guerreiro persiste no espectro de uma guerra em constante preparação, logística por excelência, uma guerra nuclear. E que, finalmente, realiza-se sob o modo inesperado da implosão e não da explosão:

> Mark Douglas penetra no Reino Divino, o Deus Solitário, o centro atômico onde, louco – aciona o botão e a Terra parece se desintegrar. Mas dos gritos Negros – de um Zumbi ressuscitando num abismo infinito – saem as energias musculares e sonoras que se unem a outros cantos e movimentos de Cristo e Rassam, do povo e da natureza e de todos os ressuscitados dos terremotos que enfrentam a Bomba da Morte, e a Graça a destrói, e a bomba implode nos pulmões de Douglas... (Seqüência 22, passada no "Cosmos", onde Deus recebe o Presidente da América).

Aqui, o traço expansionista-produtivista que marcou as sociedades industriais, sociedades de crescimento, é repaginado na grande crise de sociedades da implosão e de crescimento zero ("sustentável", posteriormente), tal como diagnosticava o discurso ecológico e antinuclear dos movimentos alternativos, nos anos de 1970 e 1980[4];

3. Antropológico. Um Cristo tornado germe de um povo por vir. Não um "falso Cristo romano", um Cristo "afraziático, o verdadeiro", convertendo cada apóstolo num "Chefe de Tribo, de cultura diversa, com suas mulheres e seus filhos". Este Cristo descrucificado ("Não morri na cruz na sexta-feira da Paixão e depois do terremoto segui minha volta pelo mundo e esta é a terceira e definitiva"), redentor, comporá com as "doze tribos" a genealogia de um novo começo da humanidade ("somos uma raça pobre mas somos a raça nova... do encontro de Ogulaganda com Eldorado nascerá a nova civilização);

4. Onomástico. Aqui, com exceção de Cristo, personagem real tornado intercessor nuclear da fabulação, todos os outros personagens

---

4. Ver minha dissertação de mestrado: *A Idade Nuclear: Uma Odisséia pelos Confins da Natureza Cibernética*, São Paulo, FFLCH-USP, Depto. de Sociologia, 1988.

são recompostos a partir de traços que apontam para uma geopolítica mundial, feita de estratificações históricas. No alto da pirâmide desse poder mundial são-nos apresentados na "grande festa" com que inicia "Anabaziz": John Brahms, presidente da América; Luz Madalena Margarida I, rainha de Ogulaganda; Philliph Brooks, general-conquistador de Ogulaganda; Mark Douglas, general-conquistador de Eldorado; Ricardo Viacharelli, presidente do Senado de Amérika; Anatol Pomenarov, primeiro-ministro de Walka; Kurt Farawaya, imperador de Kamylia.

A festa no "Palácio de Amérika", além de comemoração da "paz mundial", anuncia também o casamento de Brahms-Madalena, do qual "nascerá a nova civilização do século XXI". Descendo nessa pirâmide do poder temos: Rassam, coronel-chefe das Forças de Ogulaganda; Francisco dos Santos, capitão-chefe de uma revolução socialista que estourou em Eldorado; Charles Souza Spencer Ferraz, industrial "mulato" tornado presidente com a restauração da ordem em Eldorado; James Garcia, general-comandante das forças da nova ordem.

O desmoronamento desse diagrama de poder inicia-se com a deposição e morte de Brahms, quando de sua visita ao Senado; a crise é desencadeada pelo general Douglas que, após assassiná-lo, declara Viacharelli presidente substituto, ambos formando com o general Brooks uma "Junta Revolucionária Provisória". E conclui, depois da implosão atômica "nos pulmões de Douglas", com a entrada de Cristo e suas doze tribos em Ogulaganda, em Eldorado, no Ocidente e no Oriente.

Essa cartografia de "Anabaziz" o que aciona é a construção de intrincados labirintos de uma genealogia do poder mundial. Macrogenealogia que se lança para fora do planeta, sob o signo da guerra: (Brooks para Madalena) "Você é a mulher que eu procurei durante trinta anos de guerra na Terra e em outros planetas". Genealogia cósmica que faz saltar do espaço de um "sanatório" (seq. 21), como um "campo abstrato" (que "explode em sons polifônicos, transcendentais... um tempo... de quando o cinema é sonho – ou realidade"), ao "Cosmos" (seq. 22) recortado no "centro das Galáxias do Ciclo do Sol", onde se encontra "O Grande Olho Dourado Azul" (Deus). Genealogia que não deixa de remeter o seu diagrama à "teia da Negra Aranha, Tânatos, na figura de Madalena". Figura em cujo útero Cristo penetra "e o fere por dentro, retirando um feto que nas suas mãos se transforma num Pássaro Azul que, com o bico, quebra as linhas da teia". Um traçado genealógico que, como se observa, vai se desenhando entre o Cosmos e o útero, e que faz passar no ato de fala (de Brahms) o átimo de tempo histórico que se estende e comprime de Ciro da Pérsia, Alexandre da Macedônia, Júlio César, Otávio Augusto, rei Arthur, Felipe II da Espanha, Luiz XIV, Napoleão, Stalin, John Kennedy, a Mao Tse Tung.

Mas tal cartografia se compõe, a par com essa genealogia de um poder total, também com uma arqueologia que vem revirar e pôr em interface as camadas estratificadas do planeta, as idades da Terra. Nesse sentido, desde esse roteiro, o que aqui se traça é uma arqueologia do presente. É dele, é com os signos fortes de um presente imerso no espectro da "guerra pura", de uma "militarização do cotidiano"[5], que o cineasta parte. A "idade nuclear"[6] converte-se, assim, na ponta do *iceberg* que vem escavar as matérias de composição fílmica, seja mergulhando nos lençóis interiores da memória, seja ascendendo às camadas exteriores da realidade. É a partir desse circuito mínimo da "Bomba", desse menor circuito de uma guerra pervertida em logística, preparação infindável, que o cineasta põe face a face o "Korão" e o "Novo Testamento", "Jeová" e "Alá", o Cristo "romano" e o "afraziático". E é esse circuito que ao final de "Anabaziz" implode, numa vertiginosa imagem onírica que reúne o ser e o nada: "E Douglas era a bomba, Kancerozo. Com Pomenarov e Farawaya e outras metáforas do que sonhamos. Filma-se gente livre e monta-se com a fantasmagoria: assim vemos, pela montagem dialética, o ser e o nada" (seq. 23).

Glauber completa, neste "tratamento", que se trata de um filme que "é a antítese da dramaturgia ocidental – um *remake* da Utopia Dramátika, pertence ao sonho fluxo atemporal, a Teoria da Montagem em Quarta Dimensão".

Observe-se como o móvel versão da versão reitera-se na atualidade do *remake*. Do quê, de quem? De uma "utopia" cujo traçado, em vez da composição de belas paisagens que apagarão da memória, no "the day after"[7], o terror do dia anterior, compõe um martirológio de uma humanidade posta diante do mais alto poder de criação e destruição. Este cenário virtual, carregado de forças que se chocam, nós de tendências que se bipartem, objetivos estrategicamente montados, afunila-se numa interface composta pelas imagens de "Cristo" e da "Bomba", liberdade e fantasmagoria. Atualiza-se, nas palavras do cineasta, numa ontologia existencialista do "ser e o nada". É quando o corte, deixando de ser interstício entre duas imagens, precipita-se e alarga-se na tela preta que absorve todo o campo vazio (última imagem do filme *A Idade da Terra*).

Glauber parte, portanto, de um circuito estreito do atual, comprimido nesse face a face de guerra e religião, para traçar a sua arqueogenealogia do presente. Da guerra, expõe-nos a sua degeneração em logística, realização que se perverte em preparativos intermináveis, um estado de militarização permanente do cotidiano, com o *leitmotiv* da segurança como denominador comum da construção das subjetividades. Da religião, tenta extrair novas energias desde a composição da

---

5. P. Virilio e S. Lotringer, *Guerra Pura: A Militarização do Cotidiano*, São Paulo, Brasiliense, 1984.
6. Francisco Elinaldo Teixeira, *A Idade Nuclear: Uma Odisséia pelos Confins da Natureza Cibernética*, op. cit.
7. *Idem*.

figura deste Cristo redentor. Cristo que vem reinstaurar, com sua pregação de uma liberdade em realização no amor, a crença neste mundo.

Mas, aqui, pode-se também observar que, se a religião é posta como "infra-estrutura da realidade"[8], tal posição não deixa de rebater, pôr em correspondência o antigo-recente solo de um monoteísmo. Em "Anabaziz" persiste (o "real eterno" de Glauber?) um "grande olho" que nos espreita.

Em todo caso, são novos traçados que vêm transmutar os transes operadores da agitação mítica em arqueogenealogias operadoras de conversão religiosa. Aqui, o processo de escavação das idades da Terra expõe uma total colonização do espaço, que vem constituir o planeta como um não-lugar de todos os lugares. Nesse sentido, o cinema político de Glauber, nessa altura, não faz mais (o que não é pouco) que traçar uma "cronopolítica" contemporânea[9], pondo em foco as desterritorializações efetuadas no campo da guerra e as reterritorializações processadas no campo religioso.

UM ANABATISMO SECULARIZADO

Vejamos, agora, como o cineasta passa dessa espécie de reserva virtual de sentido, que é esse "primeiro tratamento" de *A Idade da Terra*, à realização do filme.

Talvez o que mais ressalte da passagem de uma peça à outra seja um peneiramento na desintegração das linhas de forças, uma compressão intensiva da extensão que expunham anteriormente. Isso é observável, sobretudo, no âmbito da composição e recomposição das partes: espaços, personagens, situações. Ou seja, a amplitude daquele cenário virtual de "guerra nas estrelas" passa pela malha da economia de meios, ganhando em intensidade a partir do que se lhe subtrai de extensivo. A sensação é a de que o filme opera uma depuração numa estética fragmentada de videoclipe, que vinha do primeiro tratamento.

Tome-se a cartografia do filme. Que remanejamentos aqui se operam? Um primeiro remanejamento é quanto ao campo da geopolítica mundial. Em vez daquelas capitais imaginárias que, menos que a um urbano-cidade, mais remetiam às metrópoles e megalópoles, aos conglomerados pós-industriais, com seus nomes compostos de sonoridades ora familiares ora estranhas (Ogulaganda, Walka, Kamylia), suas amplitudes de capitais continentais, toda essa extensão seccionada de

---

8. Samuel Averbug "A Utopia do Novo Kryzto", *op. cit.*
9. A noção de "cronopolítica" é desenvolvida por Paul Virilio, *Guerra Pura: A Militarização do Cotidiano, op. cit.* Ver também do mesmo autor: *O Espaço Crítico*, Rio de Janeiro, Ed. 34, 1993; *A Inércia Polar*, Lisboa, Dom Quixote, 1993.

um mundo pós-moderno passa por uma espécie de contenção. Tal diagrama megalopolitano vem se transmutar no diagrama sintético das três capitais brasileiras: Salvador, Rio de Janeiro, Brasília. Síntese que se dá, também, no plano do que se constrói de devir-capital para cada uma: um construtivismo de Brasília, um republicanismo do Rio de Janeiro, um espiritualismo de Salvador.

Um segundo aspecto desse remanejamento é que a transformação da abrangência espacial reinveste no traçado político e nas figuras que aí têm seu trânsito. Nada resiste de presidentes, primeiros-ministros, senadores; de generais-conquistadores de colônias ou capitães golpistas-esquerdistas de províncias. O plano da composição dos personagens passa por uma intensa reciclagem.

Brahms (Maurício do Valle, o matador de cangaceiro Antonio das Mortes, de *Deus e o Diabo* e *O Dragão*, 1964-1969) é personagem recomposto do repertório de um imaginário vastamente acumulado de uma política imperialista. É o primeiro personagem a aparecer na tela, expondo-se já em toda sua contundência. Ele irrompe dos interstícios da imagem, do claro-escuro de um amanhecer (longo plano fixo que abre o filme), anunciando em *close* sua "missão" de "destruir a Terra, este planeta pequeno e pobre". Industrial, de pai "filósofo", ancestrais "imperadores"; fisionomicamente gordo, pesado, cabelos longos; investido de múltiplas perversões, com seu sotaque de gringo americano desaforado e petulante, Brahms é uma espécie de pólo atrator-contaminador de todos os outros personagens. A sobreposição mais visível que opera sendo a de sua paternidade erguida frente ao Cristo-Guerrilheiro, na suruba encenada com a mulher de Brahms, o filho e o pai (a guerrilha como "filha do imperialismo", como queria Glauber). E mesmo quando não mantém quase nenhum contato com um Cristo-Índio, não deixa de atormentar-lhe como uma "aparição" do Diabo, momento em que Conquistador-Brahms-Diabo se indiscernem na mesma figura.

É assim que Brahms irrompe desde uma fenda desse imaginário, para tornar-se presença expansiva, esbravejante e paranóica, ao longo do filme. Desaparecendo, no final, em saguão de aeroporto (Rio), simulando uma emissão radiofônica em que funde futebol e corrida de cavalos, enquanto a mulher faz-lhe o cômputo dos "contratos" que realizaram.

Quanto à Madalena (Ana Maria Magalhães), figura feminina dominante, quase única, anteriormente, ela se transmuta de "Luz" em "Aurora", surgindo no carnaval carioca ao lado de Brahms e do Cristo-Militar. Junto a este, ela protagoniza seqüências que condensam grande parte do discurso político catastrófico-implosivo enunciado no primeiro tratamento. Discurso este que, agora, assume clara e forte feição ecologista, ao recortar uma Rio de Janeiro poluída como a "cloaca do Universo". Os três protagonizam, ainda, um dos motes paranóicos de

Brahms, as intrigas palacianas dos golpes, assassinatos, traições ("Não vá ao Senado amanhã").

Mas de todas essas transmutações, o personagem-alvo dos maiores reinvestimentos é, sem dúvida, Cristo. A partir dele Glauber expõe todo um método de construção de intercessores, todo um modo de se dar intercessores que mobiliza figuras reais e recompostas.

Próximo ao final de *A Idade da Terra* (no 31º bloco de seqüências, de um total de 36 blocos) a voz *off* do cineasta nos dá um momento disparador desse processo. No início da seqüência o Cristo-Negro ergue uma imagem de Cristo Crucificado; num outro plano o vemos com Mulher Morena à beira do lago, com Brasília ao fundo; o "cantador" lança um jorro de imagens sonoras que escavam a figura de Getúlio Vargas a partir de seu nascimento (1883), sua trajetória legislativa ("foi eleito deputado"), seu envolvimento com a Revolução de 30 ("substituto de Washington Luís"), sua popularidade ("sempre em contato com o povo"), a montagem da indústria siderúrgica ("trabalhando sem cessar"). Ao final dessa microarqueologia do Brasil moderno, a voz *off* de Glauber começa a tomar conta da seqüência:

> No dia que Pasolini, o grande poeta italiano, foi assassinado eu pensei em filmar a vida de Cristo no Terceiro Mundo. Pasolini filmou a vida de Cristo na mesma época em que João XXIII quebrava o imobilismo ideológico da Igreja Católica em relação aos problemas dos povos subdesenvolvidos do Terceiro Mundo, e também em relação à classe operária européia. Foi o renascimento, a ressurreição de um Cristo que não era adorado na cruz. Mas um Cristo que era venerado, vivido, revolucionado no êxtase da ressurreição. Sobre o cadáver de Pasolini eu pensava que o Cristo era um fenômeno novo, primitivo, numa civilização muito primitiva, muito nova.

Esse recorte da emissão glauberiana contém, de maneira condensada, elementos genéticos de seu modo de construção do ato de fabulação. Destaquemos:

a) O disparador de um cinema em espelho, cinema se mirando em cinema, que põe diante de si o filme pasoliniano, *O Evangelho Segundo São Mateus*. Aqui observa-se a tensão entre duas pulsões, vida e morte, saltando para primeiro plano a paixão alegre que desloca do "cadáver" de Pasolini/Cristo na cruz para pôr em foco um "renascimento", uma "ressurreição";
b) Uma ambivalência do "primitivo" e do "novo", no mesmo solo temporal que reúne civilização e religião: o Cristianismo como fenômeno primitivo-novo de uma civilização primitiva-nova. O primitivismo de Cristianismo e civilização posto sob a forma do ato sacrificial inaugural: Cristo, o "adorado na cruz". Sua novidade: um anabatismo secularizado, um rebatismo que o faz renascer para ser "revolucionado no êxtase da ressurreição";

c) Um primeiro ato de duplicação das figuras, crucificado/ressuscitado, com o qual expõe-se um diagrama da personagem real que atravessa o processo civilizatório. É investindo sobre um pólo dessa primeira duplicação que se centra a composição glauberiana; é o Cristo ressuscitado o personagem real que toma como intercessor, fragmentando-o em quatro figuras que não são reais mas recompostas – quatro devires para um Cristo renovado.

Sintetizando tais procedimentos, Glauber parte de um perspectivismo pasoliniano ("Segundo Mateus"), fragmentando-o em novos intercessores que vêm fundar o ato de fabulação de seu filme. São personagens compostas, recompostas desde uma trama de traços que põe em contato o local e o global, o fora e o dentro, o político e o privado, um mundo seccionado e um eu rompido. Profuso empenho de produção de enunciados coletivos, de recriação de uma memória (nem lembrança, nem povo dado) que é interface-membrana que põe em contato imediato "quinhentos anos de civilização branca, portuguesa, européia, misturada com índios e negros" (continuação de sua fala *off*).

Tomando, portanto, o símbolo-mor de dois milênios de civilização cristã – a cruz – é como se o cineasta desmontasse o seu eixo, pondo os vetores que o compõem (vertical/horizontal, cima/baixo, direita/esquerda) num giro intenso e incessante que funcionasse como impressão e emissão das inúmeras idades da Terra. Eis uma imagem sintética que se pode desprender dos vários blocos de seqüências que totalizam o filme.

Abramos um foco, então, sobre cada uma das quatro personagens recompostas: Cristo-Índio, Cristo-Negro, Cristo-Militar, Cristo-Guerrilheiro.

Jece Valadão, o Cristo-Índio, vem de uma quase onipresença num filme bem próximo de Júlio Bressane, *O Gigante da América*, de 1978. Filme, aliás, com um *leitmotiv* de composição de uma genealogia da "alma cabocla"[10], onde o personagem sem nome de Valadão, a passos de gigante, "viaja" do antedescobrimento da América/Brasil, após confabular com ninguém menos que Dante Alighieri, ao solo antropofágico-superantropofágico de Oswald e Oiticica. (Seria interessante um exercício de interface com ambos os personagens. Mas por hora deixemos o gigante e fiquemos com o índio).

O Cristo-Índio é o primeiro dos quatro a entrar em cena (3º bloco de seqüências) e o último a sair. Ele irrompe do meio das plantas, num alvorecer na floresta. Antes da descoberta do fogo, ele emite e repete uma fala enunciadora de dois modos de ser, real e virtual: "O pássaro da

---

10. Ver minha tese de doutorado: "Devir Gigante do Cafajeste", *O Cineasta Celerado: A Arte de se Ver Fora de Si no Cinema Poético de Júlio Bressane*, São Paulo, FFLCH-USP, Depto. de Sociologia, 1995.

eternidade não existe... Meu pai me traiu... Só o real é eterno". Um ato de traição, que aqui parece fundante, é revidado, num primeiro momento, lançando na indiscernibilidade as categorias de real e eterno, virtual e real. Confusão que o pai-traidor, ao que parece, não havia feito. Talvez movido por alguma primitiva lógica cibernética que estabelece relações de oposição não entre real-virtual mas entre virtual-atual, potencial-real? Posteriormente, através de um deslocamento no Cristo-Guerrilheiro, a traição é devolvida na suruba filho-mulher-pai, uma "conspiração", como ressente Brahms.

Transpondo esse social nuclear (estrutural) que o vincula a um pai-traidor, o Cristo-Índio surge num ritual tribal-sexual com a personagem Rainha das Amazonas; tal personagem salta de um imaginário colonial ibérico, que inscreve uma sociedade de mulheres guerreiras em perseguição aos conquistadores. A Rainha das Amazonas (Norma Bengell, em reencontro do "cafajeste" com a "loira" do filme *Os Cafajestes*, 1962), depois, escancara as portas de um convento, em Salvador, numa dança de véus esvoaçantes com as freiras, que a lança no meio da rua e do povo aos gritos de "liberdade" e "miséria".

Numa praia em Salvador é onde também desembarca o Cristo-Índio, juntando-se a uma cerimônia de batismo no mar feita por um babalaô. Este lhe passa punhal, arco e flecha, assim como a coroa-cocar "feita com a pena do pássaro sagrado da eternidade". A existência virtual do pássaro é, agora, exposta através das penas: ausência que se atualiza, reconciliação com o pai-traidor. Tais indumentárias, convoca-lhe o babalaô, devem ser usadas "somente nos grandes momentos de suas grandes batalhas". E é o que advém: Cristo-Índio, com as armas e o cocar, passa pela "tentação" (numa praia-deserto) de um Diabo que lhe aborda assobiando a Marselhesa, assimilando-se depois num Brahms que lhe reclama "fidelidade".

Mais dois devires atualizam-se no Cristo-Índio: um devir-operário de construção civil, em Brasília; um devir-filósofo, zaratustra-schopenhaueriano, que o põe a pregar numa procissão católica em Salvador: "Aqueles que querem seguir, sigam-se... Só quero que alguém me siga por determinação e por vontade".

O Cristo-Negro (Antonio Pitanga, o revolucionário Firmino, de *Barravento*, 1962) é, dos Cristos recompostos, o intercessor mais esfuziante e nuclear, desenhando-se num território bem recortado do Planalto Central/Brasília. São múltiplos devires que o investem, várias as peças de atos de fabulação que dele se desprendem. Com ele o cineasta parece ter ancorado um processo construtivista para fazer frente ao desconstrutivismo irradiado do personagem Brahms.

Pode-se considerar o bloco da entrevista do ator Pitanga com o jornalista Carlos Castello Branco, como um momento preparatório, um pré-lançamento de dados, do devir-negro de Cristo. O jornalista figura um personagem real até hoje incômodo e desconcertante, reverberador de um certo decadentismo, se não de Glauber, pelo menos da "decadência" tomada como objeto de seu filme.

Ora, essa entrevista constitui uma peça importante na construção da arqueologia do presente glauberiana. Com ela busca-se pé num acontecimento recente (Revolução de 64), extraindo-lhe ressonâncias (revolução dentro da revolução, contra-revolução) para a dinâmica transformadora que o filme diagrama como proposição (um pós-revolucionarismo).

Volta-se ao primeiro presidente militar, com uma sobreposição do nome do jornalista ao do presidente (Castello Branco). A partir daí, efetua-se uma operação de desmarca dos discursos fulgurante. O tom sério-analítico do jornalista, ladeado pela mulher e pelo entrevistador, a ambiência de apartamento com a secura da boca umedecida a uísque e suco de laranja (composição magistral, visual e sonora, em diagonal), é todo um pôr em cena um real (o que persiste, resiste, insiste) local, lançar sobre ele as resoluções atuais, virtualizando tudo na composição de um novo campo problemático, na invenção de novos problemas. O jornalista traça um quadro dos governos militares, com uma taxonomia das atitudes que ora alterna ora sobrepõe revolução e contra-revolução, liberalismo e conservadorismo, soberania e heteronomia, conduzindo tudo a uma espécie de vertigem, de branco, de ausência. É quando irrompe o campo problemático, as soluções revertem-se em nós de tendências, com a pergunta fulminante: "E o povo em tudo isso?".

A resposta do jornalista, elaborada a partir de fala presidencial (de Médici: "A nação vai bem mas o povo vai mal"), o abraço cruzado que cobre o ar de contentamento de seu rosto, o corte que lança ao aeroporto de Brasília e que começa a escavar o devir-negro de Cristo, tudo isso contém algo que, inesperadamente, lança-nos a uma passagem do filme *Terra em Transe*. Aquela em que Sara e o Senador precipitam a fala de Jerônimo ("Eu sou um homem pobre, um operário, sou presidente do meu sindicato e estou na luta de classes. E acho que tá tudo errado, que o país tá numa crise e eu num sei mesmo o que fazer e acho que o melhor é esperar a ordem do Presidente..."), interrompida pela mão de Paulo sobre sua boca.

E se aquele filme foi tantas vezes investido de uma "desconstrução do populismo" (político e estético)[11], o filme *A Idade da Terra*, enfocado desde essa entrevista, não constituiria um estilhaçamento, uma pulverização última, de um revolucionarismo terceiromundista do cineasta? Assim, em vez do "Já pensaram Jerônimo no poder?", poder-se-ia, agora, estar abrindo a escuta para: já pensaram no que foram as revoluções no poder, no que resultou da vontade de revolução de toda uma

---

11. Barthélémy Amengual, "Glauber Rocha ou os Caminhos da Liberdade", *op. cit.*

época? A seleção de um personagem para (não) dizer isso, esse personagem, seu nome de presidente, o branco que abre no discurso, constituem uma operação de desmarca no real. Desmarca cujo procedimento é fazer saltar da série habitual (o que persiste) um elemento com o qual far-se-á ceder um solo.

E eis, logo após essa entrevista, o Cristo-Negro na trilha de devires multipessoais e plurissubjetivos. No não-lugar de um aeroporto ele recebe um Brahms agitado, à beira do infarto. Em panorâmicas por Brasília, chegam a uma entrevista com a imprensa na qual se expõem, na mesma composição, tanto as pulsões anárquicas do estrangeiro quanto sua visão caricata do país que visita. Em contraponto total da outra, nessa entrevista a terra Brasil, tal como a música de Carmen Miranda, é com efeito "terra boa pra se farrear": trópicos, sol, amor, comer cu de negro, deputado corrupto, mamar buceta, café brasileiro etc. O discurso do "democrata" Brahms é, em tudo, a fantasmagoria do discurso do "liberal" Carlos Castello Branco.

Mas, se o Cristo-Negro é intercessor de um discurso que subsiste ("Brahms, chegou a hora de você ouvir a voz do Terceiro Mundo... ouvir o povo da América Latina, da Ásia, da África, este povo oprimido"), ele também o é de um que acontece: "A humanidade caminha para a Terceira Guerra Mundial. O mundo será destruído pela Bomba Atômica!". Esse discurso catastrofista jaz na ante-sala da "boa nova" que o Cristo-Negro, recortando no Planalto Central/Brasília um campo de irradiação de novas energias, diz ser portador. De maneira incansável ele ressuscita mortos, cura cegos, batiza loucos, converte prostitutas, lança mensagens de não-violência; opera com vastas arqueogenealogias que o deslocam da Índia à Babilônia, da Pérsia à Macedônia, da Ásia à África, de Ciro/Alexandre/Dario, de Omulu/Oxóssi/Xangô/Ogum à Geová/Davi/Buda. Noutro momento em que toca a atualidade (pelo telefone, cercado de objetos e sons de umbanda) reivindica: "Abaixo o colonialismo! Não, Carter! Não, não. *Go home, go home*. A democracia social... A sindicalização... A estatização, a liberdade de pensamento... Os partidos... Novos partidos... A liberdade total".

Atravessando vários modos de ser, o Cristo-Negro, junto com Mulher Morena, contorna a cidade e, dos arredores de um cerrado pontilhado de prédios, proclama: "Chegamos! Salve! Chegamos! Chegamos à Terra da Promissão! Chegamos! Aqui construiremos uma nova nação. Aqui construiremos uma nova nação". Esta fala rebate, logo depois, na fala *off* do cineasta (a que evoca Pasolini) que faz saltar um "sentido da pirâmide". Diz Glauber: "Aqui, por exemplo, em Brasília, este palco fantástico no coração do planalto brasileiro, fonte, irradiação, luz do Terceiro Mundo, uma metáfora que não se realiza na História mas preenche um sentimento de grandeza: a visão do paraíso... Pois sim, a cidade e a selva. Brasília é o Eldorado, aquilo que os espanhóis e outros visionários perseguiam".

O Cristo-Índio e o Cristo-Negro compõem os estratos mais soterrados de uma formação cultural híbrida, posta desde sempre sob o móvel da desterritorialização-reterritorialização. Camadas que o filme revolve o tempo todo, produzindo novas contaminações, cruzamentos entre a urbanidade da antiga capital (Salvador) e a da nova (Brasília), interface de espiritualismo e construtivismo que se interpenetram.

Quanto ao Cristo-Militar e ao Cristo-Guerrilheiro, sua pertinência é a de um solo mais recente desse hibridismo cultural, com desdobramentos e redobramentos carregados de aspectos. Ambos se recompõem e se movem no território mediano da segunda capital (Rio de Janeiro), agregadora de "conquistas de nosso povo" (Independência, Abolição, República), como proclama o Cristo-Militar na Cinelândia. De modo que, de um a outro, o que se pode observar é uma contaminação de vetores, uma compenetração de pólos, a formação de um campo magmático que reúne militarismo e revolução, forças do caos e da ordem, pulsões anárquicas e construtivistas, entropia e organização.

O Cristo-Militar (Tarcísio Meira, o imperador Dom Pedro I do filme *Independência ou Morte*, 1972), é a personagem que inflete os discursos entrópicos, a preocupação com o desmoronamento das estruturas, os desejos seculares de síntese e de ordem. Do rochedo sobre o mar poluído, das escadarias do Teatro Municipal ao Morro da Urca, ele compõe um misto de sereno, atormentado e incansável defensor-denunciador de um processo civilizatório que se esfrangalha.

De fato, ele articula um duplo discurso. Em âmbito global, seu discurso é o do meio-sobrevivente, é pós-catástrofe. Aí, uma destruição já ocorreu, mas de pouca visibilidade, pois não foi da ordem da explosão mas do implosivo: trata-se de "uma implosão atômica no centro da Terra". É isso que pesa como condenação, pois, com os "alicerces destruídos", "abalados", a última catástrofe se avizinha, a "qualquer momento poderemos desaparecer no fundo de um abismo".

Concomitantemente a esse discurso pós-catástrofe, infletindo problemáticas globais, um outro, de cunho mais local, articula-se na fala do Cristo-Militar. Trata-se da afirmação e defesa, "até a morte", de conquistas que, ao migrarem do campo dos acontecimentos vivos, são hipostasiadas, tornam-se substâncias: "A Independência, a Proclamação da República, a Abolição da Escravatura são conquistas de nosso povo..." (repetido cerca de seis vezes). Conquistas e povo que agora habitam a inércia do real, cuja subsistência, mesmo com "violência", deve ser garantida como defesa dos "mais sagrados direitos humanos". Direitos esses que, algures, parecem ter sido alçados à esfera da profanação, já que (continua a frase) "não conhecemos o luxo da decadência". O que, observe-se, não deixa de escavar e inscrever uma fascinação.

O Cristo-Guerrilheiro (Geraldo d'El Rey, o camponês-convertido-cangaceiro Manuel, do filme *Deus e o Diabo*, 1964) tem sua entrada no filme logo após a rajada de balas que o Cristo-Índio dispara contra o

Diabo. Situado como "filho de Brahms", seu "único herdeiro", tal filiação é posta no campo da contaminação mais imediata, a dos corpos, erótica, sexual. Esfregando-se na mulher de Brahms (Danuza Leão, a Sílvia de *Terra em Transe*), dela ouve a revelação que vincula o marido aos fastidiosos "golpismos" de Estado, "terceiromundismo", "subdesenvolvimentismo". Aqui, a direção do cineasta escava uma impostação da voz do ator, que ressoa como uma espécie de não-dito por longo tempo incubado: "Fala mais alto. Diga outra vez: 'Eu quero o Poder' ". Esse *leitmotiv* do Cristo-Guerrilheiro é reiterado no desenrolar da suruba, quando ele invoca Brahms: "Pai, tenho fome de Poder" (ouvindo um "vai-te foder"). Por isso diz não poder "mais esperar o fim do século por uma herança", reclamando o seu quinhão: "Eu quero Ogulaganda, papai".

Na penúltima seqüência do filme, o Cristo-Guerrilheiro dirige-se a um povo ausente: primeiro, num estádio de futebol vazio, quando convoca a que "tome o seu lugar, o processo vai começar"; depois, numa favela, quando acusa Brahms "de invadir países europeus, asiáticos, africanos e americanos", acusa-o "de organizar a guerra psicobacteriológica contra índios e negros, judeus e comunistas". Na última seqüência, sob o divertimento da Mulher de Brahms, ambos simulam transmissões radiofônicas de esportes (o pai) e da bolsa de valores (o filho).

O ATO DE FABULAÇÃO

Bom, falou-se bastante de atos de fala, falas foram transcritas, cruzadas, evocadas, de modo que já não é sem tempo a realização de uma síntese desses aspectos.

Tornemos presente, uma última vez, a avaliação que Deleuze generaliza para todo o "Terceiro Mundo", a de que o seu cinema não seria um "cinema que dança" mas "um cinema que fala, um cinema do ato de fala" e que, por essa via, "escapa tanto da ficção quanto da etnologia". Conforme se viu anteriormente, trata-se de uma redescrição que o filósofo faz do "cinema político", que nessas regiões se particulariza no ponto de partida de uma ausência de povo através da qual se constitui um ato de fabulação de um povo por vir. Mas aí também reverbera, acrescente-se, todo um debate em torno do chamado "cinema verdade"/"cinema direto", de cunho etnológico e fundo etnocêntrico, problematizado na facilidade com que atribui, simbólica e sintomaticamente, o ato de fala ao colonizador, na mesma medida em que o furta ao colonizado e a quem é reservado o ato de dança. O cinema de Jean Rouch foi, entre outros, alvo de intensas discussões nesse sentido[12].

---

12. Adolfo Colombres (org.), *Cine, Antropologia y Colonialismo*, Buenos Aires, Ediciones del Sol S. A., 1985.

Ora, toda uma arte da composição de comportamentos orgiásticos, toda uma coreografia de ritos e festas populares, que investe na improvisação imaginativa, nas atitudes e gestualidades do corpo, no contato corporal ou que o solicita, são aspectos abundantes em *A Idade da Terra*. Trata-se de um outro aspecto do cinema de Glauber, que desdobra e multiplica seu sentido "político" e que vem se infletir, particularmente neste filme, numa "política do corpo". Corpo aqui intensamente investido em seus disfarces, um carnaval, em sua preparação e passagem por uma cerimônia, "corpo cerimonial". É, por exemplo, a dança dos véus da Rainha das Amazonas com as freiras ou a preparação do corpo do Cristo-Guerrilheiro antes de descer o morro. Mas também "corpo cotidiano", aqui eminentemente capturado no corpo economicamente produtivo do mundo do trabalho (operários de construção civil). E é, efetivamente, o Cristo-Negro, que de modo mais evidente realiza o trânsito de um corpo a outro: transmutando-se através das várias indumentárias que porta, finalmente, ele, descendo da árvore e correndo o campo, totalmente desnudo, proclama "o amor", "a paz", "a liberdade do meu corpo nu". Um "cinema do corpo", portanto, enquanto bifurcação do cinema político glauberiano[13].

Mas, não há dúvida de que neste filme a fala constitui um material fundamental e é objeto de uma elaboração bem distinta. O que levou o cineasta a essa auto-avaliação pontual: trata-se de "um filme que se expressa audiovisualmente, sem diálogos narrativos"[14].

De fato, aqui praticamente não há diálogos narrativos, perguntas que demandem respostas imediatas e precisas, afirmações que produzam alguma reflexão devolvida de forma reelaborativa, transição da palavra entre pólos visíveis. Nunca uma "conversa" foi tão esquizofrênica! Na maioria das vezes, os personagens não falam sequer para um indefinido "alguém", falam para alhures, algures, nenhures, para um fora, um dentro; com efeito, nem falam "para", põem as falas em paralelo, escavando como elas lençóis do passado que compõem com camadas exteriores da realidade.

Tal é, efetivamente, um modo de dar consistência à palavra em ato, ao ato de fala fabulador, ao ato de fabulação. É a palavra emitida como ato expressivo, poético, fora da linguagem articulada do cotidiano, em fuga das significações dominantes, criadora de sentido, instauradora de acontecimento; é a linguagem rompida de seu sentido usual, de sua armadura-inércia corriqueiras; linguagem, fala, palavra, que vêm perturbar o repouso dos sentidos, lançá-los em completa "comoção física"[15].

---

13. Gilles Deleuze, *A Imagem-Tempo*, op. cit.
14. Sidney Rezende (org.), "Seus Filmes", *Ideário de Glauber*, op. cit.
15. Antonin Artaud, "A Encenação e a Metafísica", "Cartas sobre a Linguagem", *O Teatro e seu Duplo*, 1ª ed., São Paulo, Max Limonad, 1984.

Façamos uma síntese dessas operações de fundação dos atos de fala. Elas implicam:

a) Num trabalho de direção que se realiza na compenetração de planificação e improviso: existe o texto, que é reinvestido no ato das tomadas de cena, com acréscimos, subtrações, redescrições, procedentes tanto da direção quanto da liberdade de improvisação do elenco;
b) Num exercício pontual de extração da fala expressiva que investe em sua modulação, altura, espessura, sonoridade; um "dar corpo" à fala que toma o corpo físico por alvo (conformação, posição, postura, atitude, gesto) mas levando ao limite de uma dissociação corpo/voz;
c) Num lançamento da frase, do enunciado, na ordem de uma repetição (total, parcial, modificada) que vem se tornar o principal meio de pôr a linguagem fora dos eixos, do espaço e tempo, fora do cotidiano; um meio de pô-la em relevo, não como abstração-representação, como intensidade, perturbadora emissão;
d) Numa insistente entrada-saída do cineasta no corpo do filme, de forma intensiva através da fala (de comando, de comentário), que vem constituir, tornar-se suporte, arrematar, uma efetiva dissociação entre o que se vê e o que se ouve, entre o falado e o visual, tornados "dois componentes autônomos de uma imagem audiovisual".

Portanto, o ato de fabulação vem se instaurar, pôr-se em circulação, advir, desde essa vibração que investe a linguagem cotidiana e lhe arranca de seu exercício empírico. É quando, segundo Deleuze (invocando as "vozes *voyeuses*", de Marguerite Duras), "o que a fala profere é também o invisível que a vista só vê por vidência, e o que a vista vê é o que a fala profere de indizível"[16].

Nesse sentido, por mais que queiramos acomodar o discurso desse filme ao solo de uma época, a uma configuração espaço-temporal (idade nuclear, discurso ecológico-pacifista-antinuclear), operar com ele desde uma sociologia da representação, desde uma estética reflexiva, ele resiste a tais capturas. E resiste, sobretudo, na composição de uma arqueogenealogia feita de múltiplos circuitos temporais, múltiplos modos de ser num espaço-tempo, num fora-dentro, cujo ponto de partida na "crise contemporânea" (global/local) constitui, tão somente, um menor circuito, um circuito mínimo do atual.

E NO ENTANTO... UM ANABATISMO SECULARIZADO COMO UM NEOPOSITIVISMO?

Uma das bases de lançamento e sustentação das questões de Glauber, no final dos anos de 1970 e início dos de 1980, é a colocação do

---

16. Gilles Deleuze, *A Imagem-Tempo, op. cit.*

"Cristianismo como uma força revolucionária no Brasil"[17]. Mas, mais que "uma" religião, é a noção de um "poder espiritual" multirreligioso que o mobiliza: "O poder espiritual brasileiro é o maior do mundo porque não está ligado ao Ocidente. Nasceu do encontro de várias religiões e energias de várias partes do mundo". É assim que diagnostica o fim das "revoluções sociais" e o advento de "revoluções religiosas, feitas em paz"[18].

É nesse desafio posto ao pensamento por fenômenos religiosos reemergentes, por reterritorializações religiosas em andamento, por um poder espiritual multirreligioso em operação no âmbito local, que a apropriação da personagem real de Cristo faz-se máquina produtora de sentido. Que intercessor mais investido e imerso no campo problemático da atualidade poderia fazer frente ao personagem real de Cristo? Mas, como vimos, para operar com tal personagem, contaminá-lo com esse poder espiritual multirreligioso, o cineasta o fragmenta e o recompõe em quatro personagens, cria um Cristo quadripartido, subtraindo-o do destino milenar de crucificado. Cristo redentor!

É sobre tal embasamento, da religião convertida em "ideologia do amor"; do Cristianismo como "uma religião vinda dos povos africanos, asiáticos, europeus, latino-americanos, os povos totais"; de um "Cristianismo que não se realiza somente na Igreja Católica, mas também em todas as outras religiões" (falas *off* de Glauber no filme); da religião como ato libertário em realização no amor, é esse o núcleo que vem fundar o grande ato de fabulação de *A Idade da Terra*.

Nomeei um perspectivismo desse filme de anabatismo secularizado. Ou seja, a religião (o Cristo) posta sob a óptica de um novo batismo, de um renascimento, em que o ato sacrificial que a funda é transmutado em ato amoroso que a refunda. Um processo de secularização, portanto, em que uma crença religiosa é reinvestida filo-antropo-sociologicamente. Posto no centro de novas demandas sócio-revolucionárias, feito "infra-estrutura da realidade", esse anabatismo secularizado de Glauber não teria o aroma de um neopositivismo? Não manteria com a "religião positiva da humanidade", de Augusto Comte, fundada num "novo poder espiritual" calcado no "altruísmo" de um "ama teu vizinho"/ "vive para os outros", similitudes inesperadas?[19]. A questão não é tão impertinente, caberia investigá-la. De qualquer modo, o "militarismo revolucionário" que sustenta, pelo menos, o Cristo-Militar, não pára de nos enviar e reenviar aos ideais fundadores da República...

---

17. Sidney Rezende (org.), "Seus Filmes", *Ideário de Glauber, op. cit.*
18. *Correio Braziliense*, 4.12.1979. Citado em: Samuel Averbug, "A Utopia do Novo Kryzto", *op. cit.*
19. Auguste Comte, *Comte*, col. *Os Pensadores*, São Paulo, Abril Cultural, 1978. G. Hawthorn, "A História Resolvida por Leis I", *Iluminismo e Desespero: Uma História da Sociologia*, Rio de Janeiro, Paz e Terra, 1982.

Parte III

Transfilmar É Criar no Vazio

(Júlio Bressane em Videogaláxias)

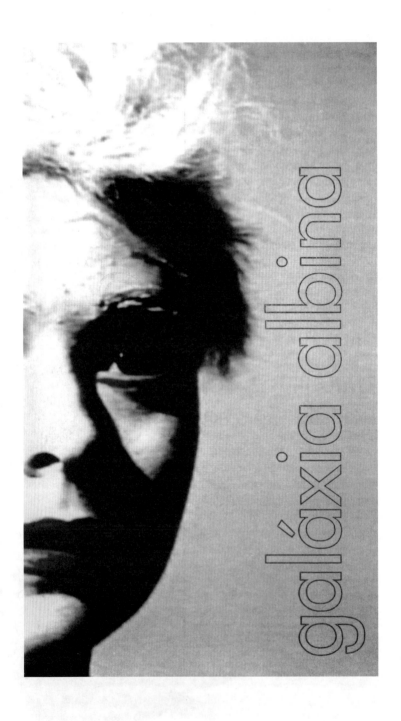

Fac-símile da capa do vídeo de Gálaxia Albina, *com Giulia Gam.*

1. Da Impossível Tradução à Operação no Vazio do Texto

> *Passar da palavra garça à palavra albina é uma veloz operação de brancura que não deixa na página mais do que esta marca de água.*
>
> HAROLDO DE CAMPOS, *Galáxias*.

> *Haroldo, as* Galáxias *são o cinema, é isso aí, cinema.*
>
> JÚLIO BRESSANE, *Galáxia Albina*.

Recentemente um entrevistador do Roda Viva, da TV Cultura/SP, perguntou ao escritor laureado com o Nobel de 1998, José Saramago, como se sentia frente à "angústia da influência". A pergunta, tão infletida nas fragilidades cotidianas do mundo jornalístico, ao ponto de se transformar num mote-clichê dessas ocasiões, obteve um sereno comentário de alguém que conecta o ato de criação com um impoder do pensamento (e não com a sua onipotência). Saramago, simplesmente, respondeu não padecer de tal angústia, já que considera que um mar de influências, percebidas ou não, identificáveis ou obscuras, próximas ou distantes, constitui um dado de partida de qualquer criação. Por que angustiar-se com isso, acrescentando-lhe ainda mais toda uma componente de má-consciência e ressentimento, de consciência da dívida e falta para com outrem, para com figuras de uma paternidade que se borra em recuos sem fim?

Admitir que o ato criativo opera por sob uma rede de influências que o precede como um *a priori* é liberar-se da ilusão da criação absoluta e de uma onipotência do pensamento que lhe dá sustentação, esse sim o solo de onde pode relevar toda uma angústia. Portanto, ao dissolver algo já tão incrustado no horizonte das significações dominantes, o comentário do escritor o que faz é também abrir para um outro campo de questões da atividade criativa: o poder defrontar-se com a brancura da página, com um vazio de texto, com uma impossibilidade de pensar que força toda operação do pensamento, com seus impasses, seus lampejos, suas fugas, suas derivas, enfim, com a velocidade com que irrompe e desaparece.

A partida nessa sintética articulação, entre o problema de como lidar com uma miríade de referências à espreita no limiar da criação e do vazio infletido num estado de invenção, reveste-se de um propósito. É que tais questões vêm encontrando, já há algum tempo, um fértil desenvolvimento no pensamento artístico do cineasta Júlio Bressane. Meu objetivo é deter-me na chamada "trilogia das galáxias" (nesse momento ainda uma duologia: *Galáxia Albina* [1992] e *Galáxia Dark* [1993], com a promessa de uma *Galáxia Ruiva*), mas antes de lá chegar quero traçar um rápido itinerário dessas questões no âmbito de sua filmografia.

Nos anos de 1980, à medida que cada filme ia compondo um diagrama temporal que se dobrava e redobrava nas várias (trans)formações constitutivas de uma herança cultural passada, embora bastante viva e atuante, como expõem os filmes *Tabu* (1982), *Brás Cubas* (1985), *Sermões — A História de Antonio Vieira* (1989), no campo da crítica foi também um momento em que se começou a insistir numa "fase barroca" da criação de Bressane. Tal avaliação vinha acompanhada de outra que lhe servia de embasamento: a da perda da virulência que havia marcado os estados de violência cotidiana dos filmes dos anos de 1960 e 1970. Livre dos transes contraculturais, sua "linguagem" apaziguava-se nos "caminhos mais literários" que agora trilhava[1].

Juntando-se a isso questões cruciais que se impõem ao cineasta quando, pela primeira vez, decide fazer um filme de "tradução de signos alheios" (no caso os signos machadianos), o quadro não deixa de reverberar dissonâncias. É que de lá até o momento atual, de enfrentamento com o "signo Jerônimo", os problemas de tradução foram sendo depurados ao nível das últimas formulações sobre o transcriar-transfilmar como operação criativa que se faz no "vazio do texto"[2].

Ora, fazer do vazio um solo da criação, configurá-lo como campo de emanação de sensações artísticas, situar-se nele para dele extrair obra, tudo isto não releva uma sensibilidade pouco afinada com uma sensibilidade barroca, ou, no mínimo, que dela também se distancia? Não constitui o vazio o (não) lugar de um temor de que toda uma cultura barroca, com suas dobras, desdobras, redobras, afasta-se como o diabo da cruz? Ou basta, simplesmente, o interesse e a pesquisa por

---

1. "Os melhores filmes de Júlio Bressane pertencem à década de 1970, época da efervescência do *underground*. Desse período são *Matou a Família...* e *Memórias de um Estrangulador de Loiras*. No cinema dele, é interessante que não existe a figura da repressão policial. Há sempre um crime, porém nunca aparece a repressão. Seu cinema passou a ser metáfora da contracultura dos anos 70. Esta linguagem perdeu a violência e ele tem buscado caminhos mais literários: no modernismo e em Machado de Assis. Não sei aonde ele vai". Luiz Nazário, "No Masp, o Cinema de Bressane" (depoimento), *Folha de São Paulo*, 11.11.1985.

2. "Conversa com Júlio Bressane/*Miramar*, *Vidas Secas* e o Cinema no Vazio do Texto", *Cinemais*, n. 6, Rio de Janeiro, jul.-ago. de 1997.

temas, motivos, constantes, obras barrocas para que se instaure um contrato de filiação com tal sensibilidade?

Seja como for, vertigem barroca e vertigem do vazio não são consonantes, dissociando-se e estilhaçando-se entre um excesso e uma rarefação. Portanto, falar de "fase barroca", quando o caso talvez seja de componentes barrocos em momentos da criação do cineasta, é meio caminho andado para, daqui a pouco, começar-se a estabelecer a confusão entre parte e todo, filme e conjunto da filmografia. Reducionista, este tipo de procedimento já fez longa carreira em relação ao chamado "cinema autoral", não tendo sido fácil (até hoje) desembaraçar-se de suas incrustações. Felizmente, o pensamento artístico de Júlio Bressane, ao conceber o autor e o estilo como um vir-a-ser incessante, como algo que se faz e refaz a cada filme, constitui uma potente impugnação a esse modo de empreendimento[3].

De um ponto de vista semiótico, pode-se afirmar que o cinema bressaneano, verdadeira nebulosa há mais de três décadas riscando o céu tropical, sempre esteve às voltas com questões de tradução, intrassemiótica ou intersemiótica. E isso em função dos materiais que compõem seus filmes procederem de repertórios artístico-culturais os mais diversificados, locais e extralocais. Vão desde fragmentos de um conto de Machado de Assis, da recomposição de alguma gestualidade de cinema mudo, da execução de uma música inteira de Lamartine Babo, às manchetes atuais de um desses jornais de sangue, um poema de Drummond, Haroldo de Campos, Bandeira ou Dante, cenas de algum filme de Murnau, Major Reis, Cony Campos, Sarraceni ou Benjamin Abraão, uma frase solta de algum escrito de Oswald ou de Vieira. A listagem desses materiais que dão aos filmes a feição de uma bricolagem é bastante extensa. Sua orquestração expõe, de maneira bastante peculiar na paisagem cinematográfica brasileira, tanto uma visão da cultura que se inscreve num registro polifônico e polimórfico, enquanto precipitado que opera descontinuamente por transformação (mais que por formação), quanto uma concepção da atividade criativa cujo processo, o filme em germe se fazendo filme, adquire a consistência de material de composição.

Entretanto, se, de *Cara a Cara* (1967) ao *Tabu* (1982), as operações semióticas se processam de maneira vertiginosa, com uma mobilidade de escritura que não se fixa numa continência sígnica mas numa espécie de incontinência selvagem (livre, solta e irreverente), é a partir de *Brás Cubas* (1985) que as questões de tradução parecem demandar uma lapidação mais enfática. Não se trata de menor ou maior consciên-

---

3. Ver, de minha tese de doutorado, o último capítulo: "Nem Experimental, nem Marginal, nem Udigrudi, nem do Lixo, nem Maldito, nem de Invenção: Cinema de Poesia", *O Cineasta Celerado: A Arte de Se Ver Fora de Si no Cinema Poético de Júlio Bressane*, São Paulo, FFLCH-USP, Depto. de Sociologia, 1995.

cia desses processos, mas certamente de um outro patamar que advém da natureza do novo empreendimento. Com efeito, segundo Bressane, trata-se do "primeiro filme que eu fiz de tradução de signos alheios"[4].

De fato, o livro de Machado estava no horizonte desde o final dos anos de 1960. Trecho de um conto do escritor ("Pílades e Orestes", do livro *Relíquias de Casa Velha*) já havia servido de importante matéria de composição do personagem Raul, de *Cara a Cara*. Com a criação da Belair, um dos projetos era filmar *Memórias Póstumas de Brás Cubas* (seguido de *Memórias Sentimentais de João Miramar*, de Oswald). Nenhum dos projetos se concretiza àquela época, embora a insistência das memórias tenham resultado no filme londrino, *Memórias de um Estrangulador de Loiras* (1971).

A inflexão, portanto, que nesse momento se opera no itinerário do cineasta, assume a consistência do desafio que vai sendo enfrentado ao modo do acúmulo de energia potencializadora que possibilita saltos. Há um certo retraimento nessa afirmação sua que inscreve um momento inaugural. Traduzir "signos alheios" foi sempre um aspecto integrante de seus processos criativos. Como entender, pois, esse dar-se conta de uma "primeira" vez? É que se até o filme *Tabu* tais signos compunham um torvelinho de referências soterradas em procedimentos arqueológicos de composição, com freqüência desprendendo-se das imagens a reiterada invocação de um "decifra-me ou te devoro", daí pra frente há um remanejamento intenso dessas operações, verdadeira transmutação.

Tabu, nesse sentido, com toda a carga de paixões alegres que dele emana, é um dos filmes mais generosos do cineasta. Nele se esvai toda uma atmosfera densa e enigmática presente no longa anterior, *O Gigante da América* (1978), cujo pretexto de traçar uma "trajetória da alma cabocla" nos lança de Vieira ("resolvi tirar esses borrões da sepultura") ao inferno dantesco ("convém fazer uma nova viagem e escapar deste lugar selvagem"), e deste a uma espécie de nau dos desarrazoados ("o barco do sonho não tem porto") onde uma vertiginosa teia de referências se precipita. Em *Tabu*, desde o título ("transformar o tabu em totem", do manifesto oswaldiano), à configuração sob o modo da "sombra" com a qual o cineasta antes escavava e soterrava seu complexo universo sígnico, transmuta-se numa configuração que agora nos dá a ver a "carne": Oswald de Andrade e Lamartine Babo, tantas vezes evocados através de frases e músicas em filmes anteriores (*Matou a Família e Foi ao Cinema* [1969], *A Família do Barulho* [1970], *O Rei do Baralho* [1973]), irrompem à superfície para elevar às alturas uma arte dos encontros.

De modo que o desafio, desde então, é o de como partir de signos de referência explícitos, mas operando sobre eles de tal forma que do processo de reciclagem possam advir novos estranhamentos, inespe-

---

4. "Júlio Bressane Matou a Família e Foi ao Cinema" (entrevista a Ivan Cardoso), *Interview*, n. 88, São Paulo, 1985.

radas conjunções, raros arranjos. Não é essa uma maneira de desmontar e ultrapassar as significações dominantes? as significações consensuais incrustadas nos clichês cotidianos que nos rodeiam? Nesse sentido nem mesmo um procedimento paródico aí resiste ou pode insistir, já que o clichê, em sua consistência saturada, expõe à gratuidade qualquer tentativa que lhe queira concorrer com um canto paralelo. E quanto a isso o pensamento artístico de Bressane parece ter-se dado conta desde o seu primeiro longa-metragem, *Cara a Cara*[5]. Nele, monta-se e desmonta-se, marca-se e desmarca-se um complô político fundado numa concepção descendente do poder (o poder se toma pela violência do mais forte), àquela altura um verdadeiro clichê cuja exposição havia demandado milhares de metros de película cinematográfica, sem falar dos personagens melancólicos e suicidas que fazia nascer-morrer (vide, por exemplo, o poeta Paulo Martins, de *Terra em Transe* [1967]).

Pode-se nomear essa operação bressaneana de reciclagem de signos dados de estranhamento do familiar, cuja resultante é uma transmutação do familiar em estranho. No caso do filme *Brás Cubas*, trata-se efetivamente da primeira vez que o cineasta enfrenta o desafio, concentrado e pontual, de um livro inteiro e não mais apenas (?) fragmentos de contos, poemas, ensaios, manifestos. E não qualquer livro, mas um que na obra do escritor assume um lugar disruptivo, balizando, numa extensão maior da série literária local, "o fim de um ciclo da literatura nacional"[6]. Mais até, com as revisões atualmente em curso a respeito da obra de Machado de Assis, o *Memórias Póstumas de Brás Cubas* reinscreve-se como criação literária de enorme fôlego no campo da literatura ocidental[7]. Embora em seu horizonte há tempo, Bressane dá-se conta da demora do encontro com o romance machadiano, ressaltando-lhe a inventividade experimental, o humor, a carnavalização.

---

5. Ver, de minha tese de doutorado, o primeiro capítulo: "O Conjunto Casa-Parque: Ruptura de Vínculos (Desmarcar o Poder)", *O Cineasta Celerado: A Arte de se Ver Fora de Si no Cinema Poético de Júlio Bressane*, op. cit.
6. "A solução elaborada no *Brás Cubas* marcava o fim de um ciclo da literatura nacional. A figura do narrador desacreditado e pouco estimável não se prestava ao papel construtivo que por mais de um século os escritores, tanto árcades como românticos, impregnados pelo movimento de afirmação da nacionalidade, haviam atribuído às letras e a si mesmos." Roberto Schwarz, "Questões de Forma", *Um Mestre na Periferia do Capitalismo: Machado de Assis*, São Paulo, Duas Cidades, 1990.
7. "... e sem esquecer que o nosso Machado de Assis já é um Borges no Oitocentos, em relação ao padrão realista de Balzac e ao naturalista de Zola, só tendo ficado numa 'desalentadora obscuridade internacional' – como salienta A. Candido – pelo desconhecimento de nossa língua e de nossa literatura." Haroldo de Campos, "De Babel a Pentecostes", *Série Linguagem* n. 3, São Paulo, Ed. Lovise, 1998.

A confluência de todos esses aspectos é o que vem conferir a esse momento o matiz de uma sensação inaugural, primeira, característica do encontro que escava e recorta uma alteridade em sua mediata e imediata estranheza. Daí essa distância que na fala remete aos "signos alheios". Distância que é, simultaneamente, abertura e instauração da operação de "tradução intersemiótica".

Observa-se, portanto, relativamente à dimensão especular aí acionada, dois níveis de estranhamento: um imediato, em que o familiar, o signo dado (o livro do escritor, carregado de significações), é de partida "alheiado" (estranhamento do familiar); o outro mediato, em que o "alheio" é transmutado em signo cinematográfico próprio (transmutação do familiar em estranho).

Apenas para se ter uma idéia da complexidade desse jogo especular tome-se, por exemplo, um desdobramento dessas questões de tradução, o problema da "citação". Bressane concebe a citação, enquanto matéria estranha compondo o corpo do filme, como "colapso do tempo", um pôr em falso seu eixo, como uma forma, portanto, de "despersonalização" na medida em que "você coloca dentro do que seria próprio, do seu, o outro, o alheio"[8]. Trata-se, assim, de projeções especulares em que "eu é um outro", projeções em uma espécie de espelho anamórfico que aspira e tolda, deformando toda e qualquer familiaridade.

Bressane dá-nos o *modus operandi* do que seria um criptométodo[9]. No caso do filme *Brás Cubas* e de sua relação com o livro, ele começa desgarrando por sob o livro uma "fronteira de baixa definição" que o torna livro no limite do livro, do filme, da música, da pintura etc. Nomeia esse solo "interdisciplinar" de "projeções especulares do *Memórias Póstumas de Brás Cubas*", destacando duas: a) o livro – em seu tecido, carregado de procedimentos modernos de composição vigentes "nos últimos cem anos" (veio a público em 1881), o cineasta vislumbra, "telepaticamente", todo um panorama de "tradição barroca" que passa por *Sermões* (Antonio Vieira), *Os Sertões* (Euclides da Cunha), *Grande Sertão: Veredas* (Guimarães Rosa), *Memórias Sentimentais de João Miramar* (Oswald de Andrade), *Galáxias* (Haroldo de Campos); b) o filme – na tradição cinematográfica local a operação tradutória vem infletir-se na atividade do foto-cineasta Major Reis (documentarista de Rondon e dos rituais bororos, entre 1914-1930), no filme de Fernando Cony Campos (*A Viagem* [1967], do capítulo do *Memórias Póstumas*, "O Delírio"), no filme de Paulo César Sarraceni (*Capitu* [1967], do livro *Dom Casmurro* [1899]).

Livro no limite do livro-filme-música-pintura-dança-manoescritura, é nesse solo intersticial que a operação tradutória do cineasta se dá. E,

---

8. "Conversa com Júlio Bressane/*Miramar*, *Vidas Secas* e o Cinema no Vazio do Texto", *Cinemais*, n. 6, *op. cit.*
9. Júlio Bressane, "Brás Cubas – Cinemapoesia", *Alguns*, Rio de Janeiro, Imago, 1996.

dentre outros momentos do filme, a tradução cinematográfica do delírio de Brás é de uma retumbância prenhe de sensações. Ela é tecida com três matérias fílmicas: as do próprio cineasta e dos fragmentos de documentários do Major Reis e do filme de Cony Campos. Trata-se de uma complexa trama de imagens que recobre, de forma descontínua, três quartos de século do cinema nacional. Com elas viaja-se "à origem dos séculos", ao encontro de Natureza/Pandora, numa caleidoscópica "redução dos séculos" que nos dá um "acerbo e curioso espetáculo", tal como Machado descreve em seu livro.

Destaque-se, aqui, a operação de composição do cineasta com os fragmentos do documentarista de Rondon. O delírio de Brás, seu visionarismo da origem e consumação dos séculos, que se imprime na abrangência de uma trajetória de toda a humanidade, transpõe-se para o espetáculo particular que caracteriza um capítulo do delírio civilizatório brasileiro. Trata-se de inventariar o que da própria tradição se releva nesse macrocosmo. É o momento em que, por uma reversão do que ocorreu à época da descoberta e colonização, um processo civilizatório local é posto frente a frente com aquilo que ele pretende transpor – sua primitividade. São as culturas indígenas postas no lugar que, então, o devir-país se colocava diante da Europa. "Flagelos e delícias", como o delírio de Brás vem desvelar e que a "câmera-lente" do Major Reis, câmera "que viu o Paraíso e filmou o Mito Brasil", acena-nos como "medalhas do dilúvio", diz Bressane[10].

Uma primeira síntese que salta dessas relações sinuosas entre cinema e literatura, reverberando em concepção tão intricada da operação tradutória, tem a consistência de um álibi, de um deslocamento que se dá noutro lugar: que o trabalho de tradução é avesso a toda exigência de fidelidade, que ele não procede por adaptação intersignos, a pior tradução sendo aquela que opera por mimetismo com a obra-objeto. Num ambiente cultural onde a crítica prima por exigências de fidelidade adaptativa, no âmbito dessas relações, o efeito só poderia ser desconcertante e siderador...

Mas esse fosso entre tradução e mimetismo só se aprofunda no movimento de especularização, mais direto e concentrado, que a filmografia do cineasta vai redobrando entre cine e literatura. Após o romance machadiano, mergulhando ainda mais nas camadas (trans)formadoras da dinâmica cultural local, vem o encontro com a oratória dos *Sermões* de Vieira e com a poesia das *Galáxias* de Campos. Finalmente, um signo chamado "Miramar" irrompe. A primeira sensação é a de algo que chega cedo ou tarde demais, num entre-tempo, numa extemporaneidade. Pois quando se imagina que, após tanto tempo no horizon-

---

10. Ver, de minha tese de doutorado, o terceiro capítulo: "O Poço, o Mar, o Céu: A Arte de se Ver Fora de Si (Necrospectiva)", *O Cineasta Celerado: A Arte de se Ver Fora de Si no Cinema Poético de Júlio Bressane, op. cit.*

te, chega a vez do encontro com o romance oswaldiano, à pergunta do interlocutor (Geraldo Sarno) sobre "o que é que tem do *Miramar* livro no filme?", Bressane responde de maneira contundente: "Nada... Meu filme nada tem a ver com a trama, nem com o livro de Oswald de Andrade – entendeu? Não tem nada a ver com Oswald de Andrade, com *Memórias Sentimentais de João Miramar*. Tem a ver com a tradição do romance"[11].

Eis aqui um momento de verdadeira inflexão, um ponto de chegada-partida, nova decolagem: das questões antes colocadas de forma mais pontual por um texto, um pré-texto, ao desdobramento nas questões agora colocadas pelo campo mais amplo da literatura. Desse deslocamento Bressane nos dá um diagrama sintético: "Então, nessa coisa do *Miramar*: não se trata de um texto, como no caso do *Brás Cubas* (1985) por exemplo, ou mesmo dos *Sermões* (1989) – menos nos *Sermões* e mais no *Brás Cubas*. Como não se trata do texto, tive a idéia de botar dentro da imagem a própria coisa da literatura. Trabalhar no vazio do texto, nesse sentido é que você tem razão"[12].

Ora, tal inflexão vem encontrar alguma condição de possibilidade justo numa espécie de barreira contraposta ao trabalho de tradução, à relação intersemiótica cine-literatura. A princípio Bressane parece estar falando que não haveria problema em tomar um texto pontual como objeto de tradução, que sua tradução para uma linguagem outra se faria sem grandes contratempos. Afinal, quantas vezes o cinema não fez isso e o quanto não se vangloriou de uma adequação? Mas o pensamento do cineasta não repousa no solo tranqüilo dessa ilusória domesticação dos signos. Diferentemente, ao invés de uma onipotência, ele parte de uma impossibilidade:

> Mas é essa a questão difícil: o que traduzir. Você pega um texto: o que é que você tem que traduzir? Porque, na verdade, é a questão de uma impossibilidade, não tem tradução – não é verdade? Não tem tradução, não se reduz. Quanto mais você aperta mais difícil fica porque não tem tradução. Mas é preciso traduzir. Então, o que é que você faz?[13].

Chega-se, desse modo, a um ponto nodal do desenvolvimento dessa questão: a impossível tradução (a tradução literal, mimética), o intradizível que todo texto opõe como resistência ao trabalho tradutório, demandando, mais que apenas (?) uma recriação, uma "transcriação". Bressane concorda com seu interlocutor (além de Sarno também Carlos Avellar) de que esse é "um termo que o Haroldo usa com muita razão". Por quê? Porque o (não) acesso ao texto, a intradutibili-

---

11. "Conversa com Júlio Bressane/*Miramar*, *Vidas Secas* e o Cinema no Vazio do Texto", *Cinemais*, n. 6, *op. cit.*
12. *Idem*.
13. *Idem*.

dade que nele resiste, nada tem a ver com o acesso a uma mônada fechada sobre si mesma. O acesso ao texto deixando entrever que quanto mais "referido a ele próprio, de onde ele está saindo", mais "é dele que você está saindo". Aqui, toda uma concepção do texto como polifonia, pluralidade de vozes, complexo tecido de matérias multiformes. Entrar no texto, portanto, abrir corredores por entre suas entranhas, acessá-lo em sua consistência magmática de devir-texto, é poder escavar uma miríade de intertextos que nele subjaz como sua consistência. Tal intertextualidade dando a ver, finalmente, um metatexto imanente ao romance, à literatura, e, de forma mais ampla, ao campo da criação artística.

Texto/intertexto/metatexto: é desde essa configuração, espessa e sinuosa, que investe a obra-objeto que a tradução como problema-impossibilidade se coloca para Bressane. Situado em patamar tão estratificado o quê, então, traduzir?

Bressane mobiliza vários exemplos de tradução intra e intersemiótica no cinema, destacando, no âmbito da cinematografia local, *Limite* (Mário Peixoto, 1931), *O Cangaceiro* (Lima Barreto, 1952), *Vidas Secas* (Nelson Pereira, 1963), *Deus e o Diabo* (Glauber Rocha, 1964). Cita um caso de tradução "desastrosa", o filme *Um Amor de Swann* (Volker Schlondorff, 1985): "O filme tem uma bela fotografia mas procurou traduzir o entrecho do Proust e não dá a você nenhuma idéia, nenhuma chave do que é importante ali. Importante é uma outra questão: a orquestração, a questão musical, a questão da própria linguagem – isso é que é o charme do livro, isso é que é a estrela da coisa. Isso fica fora"[14].

A tradução como (não) tradução do "entrecho", eis a questão: "As traduções hoje são traduções do entrecho, ou seja, de um aspecto que dentro da própria literatura é um aspecto secundário... Imagine um texto, seja qual for, ficar reduzido àquela pequena trama, àquele pequeno bloco, ao pequeno entrecho, que é o que se traduz nos filmes. Não há uma percepção do estilo"[15].

Ou seja, sob o pretexto da fidelidade à obra-objeto, à mensagem embutida num (suposto) propósito comunicacional de seu autor, ao desejo de não-afastamento de sua (suposta) voz uníssona e imperativa, é todo um cinema firmado numa busca de veracidade narrativa que se constrói pela via de uma hipertrofia do entrecho. Mas nesse sentido não se sai do campo de operações de um "cinema de prosa", de domesticação de uma narrativa linearizada em procedimentos associativos (e não disruptivos) com as imagens, que há mais de meio século se impôs sobre a "poesia do cinema"[16].

14. *Idem*.
15. *Idem*.
16. Pier Paolo Pasolini, "O *Cinema de Poesia*", *Empirismo Herege*, Lisboa, Assírio & Alvim, 1982.

Em vez dessa hipertrofia do entrecho, no limite de sua banalidade reduzida à literalidade que compõe o incidental de uma ação ficcional, Bressane põe em movimento uma operação tradutória que contempla, sobretudo, "a questão formal", "estilística", os "aspectos essenciais", "medulares", da obra-objeto. No caso de *Vidas Secas*, da conexão livro-filme e do quanto Nelson Pereira conseguiu imprimir em seu filme esses propósitos tradutórios, ele destaca o "deserto" como "fundo", a "imagem branca", a "escrita em pedra", a "forma de captação da luz". Arremata com um comentário sobre o "rigor antecipatório" de Nelson:

> Apesar das questões de tradução, essa questão da semiótica, ser uma coisa que começou a ser divulgada já no final dos anos 50 e inícios dos anos 60, para o cinema era incógnita – não se falava. *Vidas Secas* é de 63, quer dizer, ele teve não só uma premonição, mais do que isso, ele, efetivamente, deu uma informação, é um registro de exemplo dessa questão da tradução e da relação literatura-imagem, literatura-cinema[17].

Todo esse trabalho de elaboração-reelaboração de questões pertinentes à operação tradutória no cinema reitera uma marca que distingue o cineasta Júlio Bressane, desde sempre demandando da crítica um aparato conceitual não-restrito à mera questão do gosto. Trata-se da duplicidade de um trabalho que congrega tanto a figura do realizador quanto a do crítico, do artista que não aliena à crítica o trabalho exclusivo de análise da própria atividade criativa, mesmo porque tal atividade é inconcebível sem a confluência de um pensamento por imagem e de um pensamento por conceito, um "pensamento experimental", como propõe Bressane. Tanto é assim que esse momento é o de um entretempo do lançamento do filme *Miramar* (1997) e de preparação do seguinte, *São Jerônimo* (1999).

É, portanto, no interstício entre o filme lançado ao público e o devir do filme seguinte que o cineasta, decolando na questão de seu interlocutor (Geraldo Sarno: "...tenho a impressão de que você trabalha no vazio do texto do livro, do texto do escritor. Você trabalha como se fosse fazer o contrafilme do que seria um possível filme realizado segundo uma tradução, digamos, direta, literal. Você recusa isso e vai trabalhar no vazio disso"), vai repassando essa discussão sobre a impossível tradução e a virtual criação que se opera no vazio. Vazio que, obviamente, não significa um nada. É todo um enfrentamento que aí se dá com a "questão da linguagem", com a "coisa da literatura", com uma vivificada tradição literária e cinematográfica. No caso do filme de Nelson Pereira, trata-se de uma redescoberta, de uma pesquisa-levantamento de materiais que visa a próxima realização:

---

17. "Conversa com Júlio Bressane/*Miramar*, *Vidas Secas* e o Cinema no Vazio do Texto", *Cinemais*, n. 6, *op. cit.*

Nós temos uma coisa próxima de nós, quero ver se faço uma recriação. Estarei mais do que realizado se conseguir fazer uma recriação; não digo nem uma transcriação, uma recriação de *Vidas Secas*. Eu quero fazer, não diria um plágio (mas eu queria fazer, viu?), quero ver se repito aquela coisa, um trechinho, no *São Jerônimo*. Repetir aquela coisa fundamental, que também é uma coisa que nos faz falta, uma natureza que nos faz falta, a natureza do deserto[18].

Falta? Nem tanto! Quem não se lembra da miragem da "Odalisca", morena-mulata, dançando nas dunas junto a uma tenda branca de Hélio Oiticica, no filme *O Gigante da América* (1978), vinte anos atrás?

18. *Idem*.

Fac-símile da capa do vídeo de Infernalário: Logodédalo.

2. Um Olho Metódico ou o Roteiro em Ato

> *Filmar é uma loucura hamletiana, na qual o olho é o método. Júlio Bressane é um "virtuose" desse olho metódico, que, como diria o compositor Pierre Boulez, é capaz de "organizar o delírio".*
>
> HAROLDO DE CAMPOS, "Vieira/Venera/Vênus".

Haroldo de Campos e sua poética visionária vão entrando aos poucos no corpo da filmovideografia bressaneana. A relação e colaboração são redobradas em níveis diversificados.

Primeiro, num diálogo que o poeta mantém com Hélio Oiticica, numa longa entrevista dada ao artista, em 1971 (Nova York), com o título *Heliotapes*. Aí, entre outros assuntos, um comentário de Haroldo, posteriormente revisado, sobre o filme londrino de Bressane, *Memórias de um Estrangulador de Loiras* (1971)[1].

Dos anos de 1980 em diante, sob o forte influxo do campo literário na produção bressaneana, a relação se intensifica:

a) numa recitação (duas mulheres acompanhadas por um violinista) do poema "Nascemorre", que integra o rol dos materiais utilizados no filme *Brás Cubas* (1985);
b) numa encenação planejada no final da década, mas não realizada, da "transcriação" de *Hagoromo* (peça curta do teatro nô japonês), feita por Haroldo e que teria Bressane na direção[2];
c) no caso do filme *Sermões* (1989), além da "orientação poética", Ha-

---

1. Haroldo de Campos, "Heliotapes/Haroldo de Campos e Hélio Oiticica". In: Bernardo Vorobow e Carlos Adriano (orgs.), *Júlio Bressane: Cinepoética*, São Paulo, Massao Ohno, 1995.

2. Bernardo Vorobow e Carlos Adriano (orgs.), *Júlio Bressane: Cinepoética*, op. cit.

roldo faz uma fulgurante "figuração" lendo o fragmento de abertura (o "formante 1") do seu livro *Galáxias*;
d) no curta-metragem *Quem Seria o Feliz Conviva de Isadora Duncan* (1992), o poeta mais uma vez figura no elenco e na "orientação poética";
e) finalmente (?), com os vídeos *Galáxia Albina* (1992) e *Galáxia Dark* (1993), a participação-colaboração se amplia, assim descrita pelo poeta:

> [...] Posteriormente, no caso do vídeo *Galáxia Albina*, inspirado em textos meus, tive uma participação bem mais intensa. Estive junto de Júlio durante as videofilmagens, fizemos uma parceria olho-palavra, imagem verbal/vídeo-imagem. Daí a cabível definição "transcriação visual" dessa operação a dois, dialética e dialógica, que uniu um poeta e um cineasta (*videomaker*) na empresa simultaneísta de traduzir estruturas (caleidoscópicas, epifânicas, galáticas), sob a limalha luminescente do *epos*, da estória, da esgarçada e estilhaçada fabulação[3].

Por que a apropriação do suporte vídeo com fins de tradução da poética galática de Haroldo de Campos?

Não é a primeira vez que uma vontade de arte em Bressane demanda o uso de uma nova tecnologia da imagem, diferente da que habitualmente utiliza. Mesmo no caso de seu cinema, desde sempre, ele não fez economia no uso de bitolas, filmando em super 8 mm, 16 mm e 35 mm, tanto curtas quanto longas metragens. A apropriação da tecnologia vídeo vem desde 1979, com a realização do curta *Cidade Pagã* (u-matic-color-12min), em coprodução com a TVE do Rio de Janeiro. Posteriormente vieram: *Sob o Céu, Sob o Sol, Salvador* (1987) (u-matic-color-53 min), *Galáxia Albina* (1992) (betacam-color e p&b-40 min), *Galáxia Dark* (1993) (betacam-color e p&b-40 min), *O Cinema do Cinema – Criação e Recriação da Imagem no Filme Cinematográfico* (1993) (betacam-color e p&b-115 min), *Antonioni – Hitchcock: A Imagem em Fuga* (1993) (betacam-color e p&b-40 min), *As Canções que Você Fez pra Mim* (1994) (betacam [filmado em super 16 mm]-color e p&b-4 min 10 s)[4].

Esta conexão entre vontade de arte e utilização de novas tecnologias permitiu a muitos cineastas não sucumbir, melancolicamente, à tantas vezes anunciada morte do cinema, quando ele teve de repartir seu império com as novas mídias que foram emergindo. Em primeiro lugar, e sobretudo, a televisão, seguida pela revolução das tecnologias videográficas. De Rosselini, Antonioni a Godard, e tanto outros, eles conseguiram formas de apoderamento dessas tecnologias emergentes, driblando uma perversão que aí costuma rondar: a que inverte essa relação e torna a atividade criativa submissa ao imperativo tecnológico

---

3. Haroldo de Campos, "Vieira/Venera/Vênus". In: Bernardo Vorobow e Carlos Adriano (orgs.), *op. cit.*
4. Bernardo Vorobow e Carlos Adriano (orgs.), "Filmografia", *op. cit.*

e seu efeitismo performático. Foi tão somente por se manterem fiéis, não ao uso de uma mídia exclusiva que em si já nasceu atravessada por processos de hibridação com outras, mas à sua intensa vontade de arte que tais cineastas puderam apropriar-se de novas máquinas visuais, pondo-as a serviço de sua criação. Mais que isso, até, subvertendo destinações e usos dominantes de maneira a ampliar e revelar funções inusitadas. De uma certa forma, vindo de uma consistente experiência de quem pôs o próprio meio de criação de pernas pro ar, eles, imiscuindo-se aos novos meios, além da contribuição com as peças artísticas que aí realizaram, abriram portas para a enorme acolhida que as estéticas videográficas foram angariando desde os anos de 1980.

No caso de Júlio Bressane, o trânsito por entre bitolas diferentes, às vezes dando a impressão de utilizar seu meio como uma espécie de caderno-livro de bordo, talvez tenha contribuído desde cedo para uma apropriação não-preconceituosa dessas novas tecnologias (preconceito, aliás, bastante difundido em âmbito local, até recentemente). Tal disposição parece ter sido crucial quando por aqui se anunciou mais uma morte do cinema (para, cerca de cinco anos depois, tornar-se a falar com insistência de seu "renascimento").

Isso porque, curiosamente, se observarmos a produção videográfica do cineasta, ela se concentra entre os anos de 1991-1994, considerados os "anos de chumbo" do desmantelamento da produção cinematográfica nacional. Ou seja, quando a melancolia invadia um meio há tempo habituado ao investimento estatal, investimento que nesse momento se cortava radicalmente, Bressane pôde transmigrar para o campo do vídeo, aí dando continuidade aos seus experimentos com a imagem, até o longa-metragem de 1995, *O Mandarim* (seu último longa havia sido *Sermões*, de 1989).

Sua relação com as novas tecnologias da imagem, entretanto, nada tem de um embasbacamento. Firme em sua vontade de arte, muito mais que mera demanda por novidades tecnológicas, o cineasta propõe uma relação dialógico-dialética nos antípodas de um vanguardismo moderno:

> Na busca de novos recursos para a criação de novas tecnologias de produção artística, devemos antepor um movimento de intersecção, de passagem, inverso: procurar "a ignota voz", o novo, o outro, nos vestígios do esquecido, do desaparecido, do perdido. Do perdido no espesso nevoeiro da indiferença... Fuga da razão monotônica para o domínio da paixão desejosa de exprimir-se.
>
> A dialética (suprema arte de perguntar e responder) da busca de novas tecnologias de criação da imagem-música nos obriga a que quanto mais se avança, no sentido de fragmentar a sensibilidade e a inteligência, mais é preciso recuar às nascentes onde o inteligente e o sensível encontram o curioso. Novo.
>
> Da realidade virtual eletrônica, de computação gráfica, da holografia, é preciso voltar à sombra da caverna, à skiagrafia (que nasceu com Saurio de Samos desenhando o recorte da sombra de um cavalo sobre o sol) e aos primeiros rituais sensíveis de expressão artística. Quanto mais imagem-máquina mais necessário

será o desenho rupestre, este primeiro e pequeno cantão intelectual de nosso mundo[5].

Os três fragmentos anteriormente transcritos são de um texto de Bressane sobre as "noosmancia", as "artes divinatórias" antigas (de "angústia do futuro"). Neles pode-se observar um visionarismo com forte embasamento arqueológico, onde se imprime as marcas de um tempo curvo, bastante distinto de um futurismo encantado com as últimas aquisições de uma cultura tecnológica. É nessa proposta de articulação entre "imagem-máquina" e "desenho rupestre" que o cineasta vem impugnar qualquer apoderamento de novas tecnologias que signifique um sucateamento das formas anteriores, que implique numa perda-substituição das ainda potentes formas do passado, no seu lançamento nas névoas do esquecimento. Trata-se de firme recusa e afastamento de uma concepção histórico-cronológica do tempo (passado/presente/futuro), que concebe o que ficou para trás como irrecuperavelmente morto, tempo esvaziado e inatuante. A vontade de arte que aí se afirma, de transfiguração do real e transmutação do vivido, é da ordem de um tempo redescoberto, tempo crônico, onde se impregnam os signos artísticos e onde passado e presente duram em sua inextricável simultaneidade.

Portanto, nem encantamento embasbacado com o novo, nem nostálgico conservacionismo da tradição, mas uma vontade de descoberta e invenção que opera fora das domesticações linearizantes da temporalidade.

A questão da escolha do suporte vídeo, há pouco levantada, para a "transfilmagem" do labiríntico texto das *Galáxias*, inflete-se, assim, num solo de múltiplas considerações. Ou seja, não bastasse a especificidade do momento, de retração generalizada da produção no suporte-cinema, não bastasse a inquietação criativa que aciona constantemente a curiosidade e pesquisa por procedimentos além dos habituais, videografar texto tão singular do poeta reveste-se, também, de uma enorme adequação. Com efeito, em que outro suporte poderia encontrar fluência a escritura estelar de um texto que é puro fluxo de palavras, "limalha luminescente", "esgarçada e estilhaçada fabulação"? A imagem-vídeo, imagem eletrônica com a característica "forma-neve" que compõe sua "natureza"[6], com sua luz-vibração própria, não encontraria nesse céu galático, de estruturas tão móveis em suas ilimitadas combinatórias, estruturas acentuadas, um meio mais que apropriado para o exercício da consistência transmutativa que lhe atravessa?

Haroldo de Campos fala de "um olho metódico" do cineasta Júlio Bressane, capaz de dar forma ao "delírio". Olho-cérebro-pensamento,

---

5. Júlio Bressane, "Noosmancia", *Alguns, op. cit.*
6. Raymond Bellour, "As Bordas da Ficção", *Entre-Imagens: Foto, Cinema, Vídeo*, Campinas, Papirus, 1997.

portanto, como diria Deleuze, capaz de desafiar e ultrapassar (reter numa forma) o caos e fugir do mundo das opiniões[7]. E é decolando nesse olho meio zen, certeiro, ainda que diante de configuração estelar que se abre ("limalha luminescente"), que o poeta e o cineasta partem para essa "operação a dois".

JÚLIO BRESSANE NAS GALÁXIAS...

Uma orquestração que chama a atenção, de partida, após a emissão do cineasta de que "as *Galáxias* são o cinema" é a construção do roteiro:

HAROLDO – Então, Júlio, vamos filmar as *Galáxias*.
BRESSANE – Não precisa nem de roteiro.
HAROLDO – Fazemos um roteiro no ato, na voz-olho.

Não é a primeira vez que visão tão minimalista do roteiro, de sua necessidade apenas para poder "organizar o delírio", apresenta-se a Bressane. Por volta de 1970, logo após a realização dos filmes *A Família do Barulho* (1970) e *Barão Olavo, o Horrível* (1970), ele declara estar "partindo para outra jogada" em relação à estruturação de um roteiro. Diz que nesses dois filmes "a estrutura é mais livre, inclusive com a utilização de elementos que possam surgir na hora da filmagem" e que "o necessário nisso tudo é a existência de um roteiro estruturado nesse sentido, para que eu possa improvisar a partir dele"[8].

Portanto, liberdade de estruturação, improvisação, mas necessidade de um roteiro, de uma base de controle do caos das imagens. Necessidade de uma base mínima que permita compor as imagens desde o "surdo caos das coisas", como dizia Pasolini, ao demarcar uma fundamental diferença entre o trabalho do cineasta, o de "retirar do caos o im-signo", e o do escritor, que compõe seus "lin-signos" a partir do sistema lingüístico codificado numa gramática e reunido num dicionário da língua que utiliza[9].

Ora, da época da realização daqueles filmes, quando da associação com Rogério Sganzerla na produtora Belair, que resultou numa afronta a todo um regime de produção da imagem vigente, à década de 90, vimos o quanto Bressane foi limando e depurando um amplo espectro de questões que concernem ao trabalho de tradução intra e intersemiótico no cinema.

---

7. Gilles Deleuze e Félix Guatarri, *O Que é Filosofia*, Rio de Janeiro, Ed. 34, 1992.
8. "Júlio Bressane: A Rapidez do Cinema Jovem" (depoimento), *Jornal do Brasil*, 08.03.1970.
9. Pier Paolo Pasolini, "O 'Cinema de Poesia'", *Empirismo Herege, op. cit.*

De modo que agora, instalado frente à câmera com Haroldo de Campos, nas seqüências iniciais de *Galáxia Albina*, o cinevideasta parece pouco se importar com as ressonâncias, bombásticas ou não mais, de que já "não precisa nem de roteiro". De fato, não é que dele possa prescindir. Pois, como mostra a primeira imagem do vídeo, um trecho congelado do filme *Macbeth*, de Orson Welles, todo um trabalho de "leitura", de recorte da "citação", de "despersonalização" e "colapso do tempo", implicados no ato de pensar, aí se antecipa como um campo magmático que jaz por sob o que Haroldo denomina de "olho metódico".

Com efeito, o que de mais contundente ressalta dessa "teatralização" em torno do roteiro, da atitude de incluí-lo e tematizá-lo no cerne mesmo da própria realização, é essa proposição de fazê-lo "no ato", de pôr um roteiro em ato na própria filmagem. Um roteiro em ato tal como se diz, em relação à instância poética, de uma palavra em ato que subverte suas significações usuais e dominantes, palavra instauradora de atos de fabulação que ensejam novas combinatórias entre camadas estratificadas do mundo, que dão a ver o contínuo movimento de devires-mundos.

É assim que, nesse roteiro em ato, já nada se entrevê de uma operação tradutória centrada nos quiproquós de um entrecho, com suas demandas de fidelidade e literalidade frente à obra-objeto. Ao contrário, a ocasião é instauradora de uma disponibilidade para o inesperado que irrompe, é abertura para um jogo de livres associações no qual amplia-se e pontua-se a obra-objeto com uma série de referências e sentidos virtuais. Desse modo, quando Bressane propõe que "a Albina salta do texto e passa para o cinema, branco no branco", Haroldo, surpreso, prolonga a disposição fabuladora do cineasta: "Nunca pensei nisso, mas tem lógica. Ou melhor, não tem lógica, tem poesia...".

Anunciados como dois movimentos de um "tríptico" por vir, os vídeos *Galáxia Albina* e *Galáxia Dark* constituem os pontos altos de um processo criativo há tempo embebido em solo poético. Nunca, na filmovideografia de Bressane, a confluência de texto poético, tomado como partida e alvo de tradução intersemiótica, e de "operação *poiética*" foi tão exposta no sentido de um esquadrinhamento do teor processual que alimenta e marca sua criação. Ou seja, se o cineasta sempre elaborou circunstâncias que faziam jorrar de seus filmes tanto figuras de poetas quanto trechos de poesias, se sempre imprimiu ao vigor experimental de décadas de criação a marca da obra em processo, a dimensão reiterada a cada filme de um cinema em germe, de exposição de um filme se fazendo filme, com esses vídeos a sensação é de que tais aspectos tomam um relevo inédito em sua obra. É o texto poético na total visibilidade que o expõe como escrito e voz, é, sobrelevando-se a isso, o próprio ato de criação mostrando-se como ato *poiético*.

Nesse sentido, "transfilmar" (conforme conceito inscrito nos créditos) fragmentos do texto *Galáxias*, selecioná-lo com tamanha propriedade como universo-alvo, é também um modo de, tal como em relação à estrutura acentrada do texto de Haroldo de Campos, expor a dimensão acentrada do próprio processo de criação. Acentramento de um estado nascente e renascente de "criação autônoma constante", como diz Severo Sarduy da poética galática haroldiana, bem distinto, assim, de "um universo em expansão a partir de um *big bang* inicial"[10].

A proposição bressaneana de que "as *Galáxias* são o cinema" reveste-se, agora, de feição bem mais pontual. Não é que sejam "o" cinema, mas, certamente, uma de suas linhas de fuga que tem no cineasta um dos seus principais construtores locais.

Ambos os vídeos, com a distância de realização de cerca de um ano entre eles, estruturam-se de modos distintos, a par as suas reiterações. Diferenças que os próprios títulos contemplam de saída (albina/ *dark*). Num, o "branco no branco" é partida para um intenso caleidoscópio de cores, um amplo espectro cromático no qual se embebem objetos, personagens, cenários, muitas vezes tomando relevo a pura cor ou seus empastamentos. No outro, o "preto no branco" domina com suas absorções, ressaltando-se uma textura eminentemente fotovideográfica onde o espaço, por vezes, assume a pura consistência de nebulosa galática. Em ambos, assim, entre o branco e o preto, entre uma total reflexão e absorção de luz, a criação do cineasta expõe os embasamentos pictóricos tantas vezes dados a ver, de modo fulgurante, no céu de sua cinepoética.

Tomemos, agora, cada vídeo em particular com foco, principalmente, num inventário de suas matérias e modos de composição.

VIDEOFRICÇÃO DAS IMAGENS (*GALÁXIA ALBINA*)

A efetivação do "roteiro no ato, na voz-olho", entre o cineasta e o poeta, é oportunidade também, entre outros aspectos já comentados, para se inventariar os materiais e os modos de composição presentes nos vídeos.

Em *Galáxia Albina* esse levantamento é realizado nas seqüências de abertura, compostas por um bloco com sete divisões: 1) a imagem congelada do filme de Welles, *Macbeth*, com Bressane (primeiro a mão, depois o corpo) atravessando o quadro; 2) plano de Haroldo e Giulia ensaiando o texto; 3) diálogo entre o cineasta e o poeta que põe em ato o roteiro; 4) a continuação desse diálogo, com as vozes de ambos

---

10. "...No se trata pues de un universo en expansión a partir de un *big bang* inicial, como en *Circus*, por ejemplo, sino de un universo en estabilidad a creación autónoma constante, sin orígen y a partir de nada, cuyo soporte funcional es la diferencia y cuyo motor la repetición." (Severo Sarduy). Haroldo de Campos, *Galáxias*, São Paulo, Ex Libris, 1984.

agora encarnadas nos corpos femininos de Beth Coelho (voz de Bressane) e Giulia Gam (voz de Haroldo); 5) trecho de vídeo-depoimento de Leminsky sobre a indiscernibilidade entre realidade (onírica) e cinema americano; 6) retorno do diálogo (4) entre vozes masculinas em corpos de mulheres; 7) arremate dos diálogos, com o retorno das imagens de Bressane e Haroldo (3), quando o cineasta evoca seu filme do final dos anos 60 (*Matou a Família e Foi ao Cinema* [1969]).

Nesse bloco de seqüências a conjunção voz-olho, procedendo, ora por acoplamento, ora por dissociação, ora por surpresa/hesitação/dúvida, compõe uma cartografia que balizará o curso da "navegação". É assim que, após o entrevero sobre a morte da Albina "junto com a baleia", um plano de Haroldo lendo (câmera baixa, evocando o espaço de um convés) inicia o vídeo: "Como quem está num navio e persegue as ondas...".

O que o poeta lê corresponde ao fragmento 40 (ou "formante", de um total de cinqüenta) de seu livro. Exatamente onde se localiza o disparador da construção do roteiro: "Tem, por exemplo, aquele trecho da albina, da albina no terraço do café de cluny", diz a voz de Bressane sob o corpo de Beth.

O recorte dessa imagem da Albina na "terraça envidraçada do café de cluny", como se um movimento de *zoom-in* a localizasse, faz saltar a protagonista que se contaminará de múltiplos devires (Moby Dick, Lady Macbeth, Marilyn etc.). Haroldo propõe "Giulinha com uma peruca branca", ressaltada num "tipo andróide". Compõe, assim, um protótipo:

> Podíamos pensar numa menina normal, onde as projeções em sonho, em sonho diurno ou noturno, acordada ou dormindo, cujas projeções neuróticas se encarnassem na Albina. A Albina é o seu fantasma, a projeção do seu desejo, o reprimido, a vida e verdade, o seu ectoplasma. O desejo, a fantasia, se libera e toma corpo... (Após intervenção de Bressane/Beth de que "o que a Albina sonha é o cinema") O sonho da Albina é a realidade da menina normal, cujo fantasma, cujo ectoplasma, cujo desejo, é a Albina.

É através desse rosto fantasmático (de insone, sonâmbula, vidente), tantas vezes congelado na imagem, compondo um verdadeiro diagrama metacinematográfico, diagrama do que é o cinema enquanto automatismo psíquico, é através da Albina, projeção neurótico-fantasmal da "menina normal", que "o roteiro vai saltando da ponta da língua pro olho", como diz Bressane/Beth. E o que o olho vê, o que no vídeo não paramos de nos deparar, desde a seqüência da transmutação da menina (Giulia) em Albina (no "café de cluny", aqui o terraço de um prédio), quando uma corre atrás da outra, é com esse jogo especular cujas projeções vão da menina normal lendo à Albina e desta para os devires que enceta.

A leitura, o ato de ler, tão onipresente com suas pontuações e entonações, suas idas e vindas, envios e reenvios, seus breques, torna-se, desse modo, um ato cujas contaminações operam um intenso encadeamento sonoro. Parte do poeta para a atriz, nela passando por todo um processo de encarnação na/da voz, até o seu depuramento em imagem ("justo uma imagem"...). Silenciosa imagem da Albina.

Mas o ato de leitura desdobra outras estratificações. Impõe-se a presença do escrito para ser lido e ouvido, um acoplamento de leitura e escuta. A "menina normal" vai se transformando no decurso da leitura (que nós ouvimos), desde o momento em que o escrito-livro (que nós vemos) – "Haroldo de Campos/Galáxias" – entra em quadro, vindo compor o plano que desdobra o escrito em escrito para ser visto/lido/ouvido. Isso torna a se mostrar quando a voz *off* do poeta lê o próprio escrito que vai se inscrevendo na tela (o poema "Call me Ishmael" feito "para Júlio Bressane", conforme o encarte do vídeo), sobreposto ao desenho do caçador com arpão. Além disso, ouvimos (em inglês) as falas dos filmes citados, ao mesmo tempo em que vemos sua tradução na tela (legendas em português).

O ato de leitura comporta, assim, várias interfaces que põem em contato o cineasta e o poeta, este e a atriz, esta e a personagem que vai compondo, com o espectador sendo posto frente a frente a uma verdadeira orquestração polifônica. Polifonia onde não faltam as distorções que vêm acoplar, por exemplo, uma voz masculina em corpo de mulher, criando-se uma espécie de linguagem-tradução de/para surdo-mudo (Beth/Bressane, Giulia/Haroldo, teatralizando o roteiro numa linguagem gestual). No limite, tal polifonia enverga-se na pura fabulação que invoca e insere, na cadeia sonora, as "misteriosas e sombrias bruxas da meia-noite" (voz de Welles em *Macbeth*).

Mais que audiovisual, portanto, com todas essas nuances em jogo, o vídeo compõe-se como uma intensa peça "verbovocovisual".

Mas é no âmbito da citação de outras imagens, dessa operação que, conforme já comentei, o cineasta concebe como um ato de "despersonalização" e "colapso do tempo", é aí que o entre-imagens, a fricção entre elas, mostra-se com mais intensidade.

Galáxia Albina mobiliza vasto material de múltiplas procedências e suportes: é videocinema, videovídeo, videofotografia, videopintura, videoescultura/instalação.

No campo das "telas e objetos" a listagem de autores reúne Alex Fleming, Luiz Pizarro, Ângelo Venosa, Celeida Tostes, Thel Castilho. Este solo pictórico-escultural do vídeo adquire visibilidade, particularmente, nos cenários de abertura (as enormes telas se movendo por detrás das duas atrizes) e no devir-toura da Albina (a instalação com as cabeças taurinas, sob a leitura do poema "Toura", de Haroldo).

O vídeo *Paulo Leminsky – Um Coração de Poeta*, produzido pela TVE, interpõe-se numa série de imagens cinematográficas invocadas pela voz de Bressane/Beth, sob o *leitmotiv* do "tudo é cinema". Trata-se de um trecho em que Leminsky, em depoimento direto para a

CALL ME ISHMAEL
para Júlio Bressane

1
o silêncio piramídeo da
baleia branca

2
a íris cinza do seu olho
albino

3
no urso polar a pura
crueldade
arde como uma
tocha de tão cândida

4
o albatroz recicla
no seu mapa de vôo
a crista de icebergs regelados
acho que pensa ensi-
mesmado: o branco
(acho que pensa)
e voa nesse espanto

5
ahab ergue o arpão:
androginia
do silêncio cetáceo
que o empareda

6
ahab desce o arpão:
o orgasmo da giganta
entorna o céu
na linha do horizonte

7
o sangue da baleia
o mar menstruado

8
soçobram velas
no tumulto branco

Fac-símile do poema Call Me Ishmael, *de Haroldo de Campos, dedicado a Júlio Bressane.*

Fac-símile do poema Toura, *de Haroldo de Campos, para* Galáxia Albina.

câmera, diz que "há mais de vinte anos que meus sonhos são dirigidos por algum cineasta americano" (Coppola, Ford, Hitchcock etc.), e "de tal maneira que não sei mais distinguir entre sonho e cinema americano". O trecho do vídeo, dessa imagem-vídeo, rebate numa espessa cadeia de sentidos que vão irrompendo. É a voz de Bressane/Beth falando de caça e caçador ("Moby Dick, a baleia branca, a baleia albina caçada por Ahab"), seguindo-se a interrogativa: "O mal e o bem, quem é quem?". Entra a voz de Haroldo/Giulia, com a conclusiva: "Então, como diz o Leminsky, a realidade, grande parte da vida, é cinema americano". Primeiro produz-se a dicotomização dos termos e a seguir sua indiscernibilidade. De tal modo que com esse "quem é quem" opera-se uma profunda transmutação das valorações infletidas nos termos, dadas termo a termo. É a imagem-cinema evocada no vídeo, é a imagem-vídeo apropriada no vídeo para evocar a imagem-cinema, é, finalmente (?), esta que produz a sideração entre cinema americano-sonho-realidade. Quem é quem (realidade, sonho, imaginário) sob esse império global da imagem? Quem corre atrás de quem (fotografia, cinema, vídeo) nesse complexo regime de mestiçagem das imagens?

A imagem-cinema compõe o corpo do vídeo através de insertos de três filmes: *Macbeth* (1948) (Orson Welles), *Moby Dick* (1956) (John Huston), *O Rei do Baralho* (1973) (Júlio Bressane). Tais imagens (assim como as do vídeo sobre Leminsky) são todas em preto e branco, mantendo, assim, sua visível consistência de fragmentos estranhos numa combinatória cromática híbrida. Esse aspecto ressalta sua importância quando se diferencia, no processo de mestiçagem das imagens, a noção de *confusão* entre imagens da noção de que, quando muito, o que há é *indiscernibilidade* entre elas.

Moby Dick é o primeiro filme invocado na construção do roteiro (embora já tenhamos visto, na primeira imagem que surge na tela, o plano congelado de *Macbeth*), quando Bressane/Beth, após a escolha de Giulinha para "fazer a Albina", evoca: "Entra aí a baleia branca, Moby Dick, o filme de John Huston. Gregory Peck agarrado ao arpão, aquela cena de amor e ódio". Haroldo/Giulia, ampliando e pontuando o campo significante em jogo, acrescenta que no livro de Melville "ele fala de uma baleia albina".

Logo a seguir entra no horizonte tradutório o filme *Macbeth* ("Tem, também, o *Macbeth* nas *Galáxias*"). O poeta a princípio estranha o jogo associativo ("O *Macbeth*?!"), quando o cineasta, extraindo do preto e branco um fragmento cromático que vem colorir a tela, completa: "Sim, a mão do Orson Welles pingando sangue". O poeta mantém-se descrente ("A Giulinha de Lady Macbeth? Só acredito vendo!"), com o cineasta insistindo: "Por que não? Você vai ver!".

Albina, baleia branca, *Moby Dick*, amor e ódio, *Macbeth*, sangue pingando. Está aí a série significante que vem reunir ambos os filmes e estes ao corpo híbrido do vídeo. Mas será só isso? Há, entre os filmes e o vídeo, outras contaminações de sentidos que certamente vêm compor essa operação tradutória.

Além da participação de Orson Welles no *Moby Dick* de Huston, no papel do Padre Mapple, pouco antes (junho de 1955) ele estréia em Londres sua própria tradução teatral do livro de Melville. Diferentemente da superprodução cinematográfica de Huston, a *Moby Dick* de Welles, realizada num período de dificuldades na capital inglesa (após os problemas de produção, finalização e montagem do filme *Mr. Arkadin* [1955]), atraiu os produtores americanos para sua montagem em função (segundo um dos produtores, Henry Margolis) de nela o cineasta empenhar "mais imaginação do que dinheiro", uma de suas marcas criativas. E em que consistiu esta montagem teatral de *Moby Dick*? Ouçamos a biógrafa de Welles, Barbara Leaming:

> E, de fato, o texto de *Moby Dick*, que há anos Orson vinha aperfeiçoando esporadicamente e de várias maneiras (a certa altura chegou até a concebê-lo como cantata, com música de Honegger), tinha grandes afinidades com seu trabalho no teatro nova-iorquino, a mais óbvia de todas sendo a preocupação de romper com o esquema tradicional da obra de arte teatral. Desta vez a estratégia consistia em inserir uma peça no contexto de outra. A adaptação que Orson fez de Melville focava uma companhia americana de teatro de 1890 e poucos ensaiando sua própria adaptação de *Moby Dick* durante o dia, enquanto representa o *Rei Lear* à noite. Daí o prazer de Margolis com o fato de Orson usar "mais imaginação do que dinheiro" – pois a idéia do ensaio permitia dispensar os acessórios caros na montagem. Arpões? Remos? Telescópios? De acordo com o texto, seriam "indicados por gestos e mímica". A perna de pau do comandante Ahab? Por ora bastava uma simples bengala[11].

E para arrematar a ampla cadeia significante acionada nessa operação tradutória bressane-haroldiana, como se novos sentidos não parassem de irromper por todos os lados, há, embora sem solução de continuidade, o intento wellesiano de fazer de *Moby Dick* um filme televisivo. Diz Leaming:

> Orson tinha esperanças de transformar o seu grande sucesso teatral em filme para a televisão e começou a rodar as primeiras cenas no Hackney Empire em Londres, mas logo em seguida desistiu da idéia... Boatos persistentes, pelos anos afora, deram a entender que existe um filme completo da *Moby Dick* de Welles escondido em algum canto, mas Orson mal começou a fazê-lo quando desistiu do projeto[12].

O cruzamento no mesmo palco de Melville e Shakespeare, Orson com *Macbeth* e *Moby Dick*, o momento de retração de sua criação no

---

11. Barbara Leaming, "O Glorioso Cigano", *Orson Welles: Uma Biografia*, Porto Alegre, L&PM, 1987.
12. *Idem*.

cinema que o leva ao teatro, a peça dentro da peça, o embrião do filme televisivo etc., etc. Todo esse campo significante, ora atualizado ora virtualizado no corpo do vídeo *Galáxia Albina*, vem revelar a consistência arqueológica, estratificada, os embasamentos que fundam a criação cinevideográfica de Bressane.

Materiais de composição dos mais compósitos, parecendo às vezes verdadeiras peças alienígenas coladas ao corpo híbrido da obra, catalisando um processo de livre associação que chega a levantar o descrédito do poeta-colaborador ("só acredito vendo"), eles, no entanto, aí estão num jogo permanente lançado ao espectador: "Decifra-me ou te devoro". Um desafio de arqueólogo às camadas arqueológicas do presente, pois, atualizados ou virtualizados, muitas vezes o enigma permanece para além de uma decifração pontual de alguma peça.

Como Bressane fricciona essas imagens fílmicas às suas imagens videográficas? Um procedimento que se destaca é a composição de interatividades entre imagens, criando-se um circuito de passagem das sensações.

Há uma interatividade que é da ordem da escuta (a "menina normal"/Giulia, de costas para a projeção de *Macbeth*, captando as sonoridades que vêm do fundo da tela). Quando as contaminações entre imagens vão se intensificando (ela esfrega as mãos no braço, ao lado da projeção de *Macbeth*), é uma interatividade mãos-rostos que irrompe para fazer passar sensações (rosto dela com a máscara da Albina, sombra de mãos que desce sobre seu rosto e a seguir sobre o do personagem de Welles). Enfim, é o corpo inteiro da Albina nua que quase se funde ao de Moby Dick, na irrefreável perseguição e cerco à baleia.

Auricular, manofacial, corporal, a fricção entre imagens compõe um campo sinestésico de grande intensidade entre elas. A Albina, com seu movimento sinuoso frente à tela, debatendo-se e esquivando-se do arpão, numa quase indiscernibilidade com a baleia branca, dá a ver a sensação de um devir-baleia em fuga para um mar antártico.

Ainda no rol da imagem-cinema que compõe o vídeo, há o inserto do filme *O Rei do Baralho* (1973). Apontei como, no entrevero entre o poeta e o cineasta sobre o fim da baleia ("silêncio piramídeo da baleia branca" ou "a Albina morre junto com a baleia"), Bressane evoca seu filme *Matou a Família e Foi ao Cinema* (1969) ("Tinha que ter sangue, Júlio? No meu texto a Albina não morre!"/ "É, e ir ao cinema"). Agora, é o próprio inserto de um filme seu que vem compor o corpo do vídeo. Trata-se de um plano de Martha Anderson saindo do camarim na persona artística da Loira do Bacará, companhia do hierático Rei do Baralho (Grande Otelo) pelas noites cariocas. Que configuração significante vem compor tal plano, situado próximo ao final do vídeo?

Nas seqüências iniciais da construção do roteiro, logo após a referência a Lady Macbeth, o poeta abre para outra vertente livre-associativa, lembrando ao cineasta que "tem aquele fragmento da

Marilyn, da Marilyn Monroe, inspirado no tríptico de Andy Warhol" (fragmento 32 de seu livro).

O plano do filme *O Rei do Baralho*, caleidoscópio de paródias chanchadistas dos anos de 1940 e 1950, vem introduzir o momento de tradução desse fragmento. Quando a Loira do Bacará levanta-se e caminha na direção da câmera, a loira Marilyn começa a tomar forma com uma fusão para um plano da Albina lendo. Ela fala de "loira", "seios", "meias de *nylon*", da "terceira Marilyn" que "está morta, nua e morta". Marilyn primeiro surge numa foto em que está deitada (uma trucagem a faz abrir e piscar o olho), para depois irromper sorrindo (ao som de sua voz cantando *bye, bye, baby*) no cromatismo pop das serigrafias realizadas por Andy Warhol, em 1964.

Resta, finalmente, enfocar a imagem-fotografia enquanto material de composição do vídeo.

Acabei de expor um procedimento que investe na imagem fotográfica no sentido de um descongelamento de sua porção de tempo-espaço inerte. Tenta-se acordar-ressuscitar Marilyn do fatídico dia que deu fim à sua vida (a "menina normal", sem a máscara da Albina, desfalece sentada na privada ao lado da banheira, depois levanta-se e caminha em direção à câmera, como no plano da Loira do Bacará). O sorriso fotográfico de Marilyn, sob o *bye, bye* da música, vai se transmutando no colorismo serigráfico.

Mas o procedimento com o qual mais se opera na feitura do vídeo é o do congelamento, tanto "na" imagem quanto "da" imagem, o da interrupção que recorta o instante. Nesse sentido, para além do inserto da fotografia como material de composição, o que mais se ressalta é a presença do "fotográfico", a dimensão fotográfica na construção da imagem-vídeo.

É assim que, na primeira imagem de abertura, inscreve-se a imagem congelada de um trecho do *Macbeth* (congelamento *da* imagem em sua totalidade), com a entrada do cineasta em quadro alterando a composição do plano (congelamento *na* imagem, apenas de parte dela). Aí reúne-se a dupla forma de congelamento. Com o decorrer da projeção ganha corpo e ressalta-se, eminentemente, a forma de congelamento "da" imagem. Por exemplo: 1) a transformação da "menina normal" em Albina (a máscara, com peruca e maquilagem) é feita, enquanto Giulia lê, com dois planos congelados do rosto e mão (sob sua voz *off* que lê: "passar da palavra garça à palavra albina é uma veloz operação de brancura que não deixa na página mais do esta marca de água"); 2) no corredor ajardinado (a "terraça envidraçada do Café de Cluny"), quando a Albina corre atrás da "menina normal" e vice-versa, após alguma fusões entre planos, o rosto da menina se congela; 3) nas duas últimas imagens do vídeo, primeiro a "menina normal", sentada, lê com um cigarro entre os dedos, com o plano seguinte congelando e solarizando a imagem anterior.

O vídeo abre e fecha, desse modo, com uma forte presença de procedimentos fotográficos, presença do *fotográfico*, com uma reiteração marcante do congelamento *da* imagem.

LOGÍSTICA DA CRIAÇÃO (*INFERNALÁRIO: LOGODÉDALO/ GALÁXIA DARK*)

Se em *Galáxia Albina* os créditos apresentavam "fragmentos do texto *Galáxias*" que foram "transfilmados por H. Campos/J. Bressane", os créditos do vídeo *Galáxia Dark* apresentam "texto de H. Campos/ direção J. Bressane".

Numa síntese que acompanha a edição do vídeo pode-se ler: "Passagem meteórica de três mulheres à meia-noite por uma cidade nos instantes que antecedem o fim do mundo. Entre *Alphaville* de Godard e *À Meia-Noite Levarei sua Alma* de José Mojica Marins, no fio dessa navalha, transcorre o sonho-pesadelo extraído do livro-poema *Galáxias* de Haroldo de Campos".

Galáxia Dark, como afirmei, apresenta grandes diferenças de concepção em relação ao vídeo anterior. É como se a câmera deixasse para trás o mar gelado da Antártida melvilleana, dirigindo-se agora para um espaço estelar cujas aparências fossem captadas por pura vibração. A câmera na mão adquire, então, uma visibilidade que parece querer captar tão somente uma poeira de imagens. Tal já se dá desde o primeiro movimento, com a câmera que gira e desfoca imagens de Bressane e Haroldo no cenário, sob os créditos de abertura.

Mas há um *língua-a-língua* entre os dois vídeos. Trata-se de um plano de uma das mulheres (Mariana de Moraes) em que ela "sorve" na língua da Albina, numa foto do vídeo anterior. Num plano daquele vídeo, a Albina coloca a ponta da língua num cálice com um líquido licoroso vermelho (tradução significante de: "anis verdácio de outro copo que o lábio rosipálido de uma albina de cílios parafinados e íris sangüínea de coelho branco começa a sorver").

Este plano da mulher sorvendo na língua da Albina (em função da foto, um movimento de *descongelamento na imagem*), situa-se entre duas seqüências preparativas no *set* de filmagem (um recanto de uma rua). Aí vemos Beth Coelho, já caracterizada (um vestuário que remete em alguns traços ao de *Macbeth*), chegando ao local com Bressane, beijando Haroldo, ensaiando. Tais seqüências constituem um intenso labirinto de movimentos de câmera, cortes, entradas e saídas, música jazzística, leitura de fragmentos dos poemas, comandos do cineasta etc.

Este tom das primeiras seqüências, aliás, será dominante em todo o vídeo. Há, nesse sentido, algo de bastante logístico em sua construção estética. Com um pouco de afastamento, a sensação que se tem é a de uma preparação infindável, que o vídeo se constitui dos preparativos para o seu vir a ser. Devir-vídeo, mais que obra bem formatada-enquadrada-acabada. Ora, mas não é essa uma característica nodal do trabalho processual de Bressane? Sem dúvida, mas nunca uma peça imagética sua, como já indiquei nas linhas gerais de ambos os vídeos, foi tão contundente nesse sentido, nunca um vídeo em germe, um processo de criação expondo-se enquanto tal, foi mais longe em sua exposição.

Basta se observar o quanto o cineasta entra e sai do quadro, o quanto se expõe em sua performance de diretor, o quanto sua voz emite um "olha só" fulano, "é isso aí" beltrano, "atenção, hein" cicrano. Tudo isso é visível em trabalhos anteriores, mas de forma mais concentrada, pontual, rarefeita, não sob essa forma extensiva que caracteriza toda a feitura deste vídeo.

Em *Galáxia Albina* viu-se como o cineasta cria um dispositivo de construção do roteiro em ato, em que vai lançando os materiais de composição para fora-dentro, como um prestidigitador com seu baú repleto de surpresas. Mas tal dispositivo encontra-se bem delimitado nas seqüências iniciais, para além das quais cessa qualquer atravessamento seu em quadro, corporal ou sonoro. O roteiro em ato constitui-se, desse modo, como uma peça de abertura onde o cineasta inventaria o vasto e compósito material de que se utilizará, seja diretamente, seja através de sinuosas composições de sentidos. O que revela uma certa generosidade em relação ao espectador, levando-se em conta sua prática usual de soterrar as miríades de referências que servem de base à sua criação. Bom, mas também com um texto como o das *Galáxias*, cujo fluxo não se dá a não ser numa incessante produção de vazios (duplo desafio para quem costuma trabalhar no "vazio do texto", tendo agora que operar no vazio do vazio)!

Há, portanto, em *Galáxia Dark*, um a mais de presença material do corpo do cineasta em cena, de sua voz de comando. É que para orquestrar a polifonia aí posta em operação, para orquestrar esses entrelaçamentos de discursos, "organizar o delírio" de peça criativa tão composta à maneira de uma dispersão galática, de uma nebulosa "à meia-noite", de um "infernalário-logodédalo", a demanda de um "olho metódico" torna-se muito mais crucial.

Com efeito, além de fragmentos das *Galáxias* há ainda, de Haroldo de Campos, "O Azar é um Dançarino", como também "El Desdichado" (Nerval) e "O Carbúnculo e o Coração" (Novalis), todos "transcriados" pelo poeta.

Uma seqüência do início, entre o língua-a-língua dos dois vídeos e as imagens de Elvis Presley na televisão, expõe o babélico solo aí revirado. Começa com um plano de Haroldo lendo, Bressane que entra e diz "é isso aí". Corte para Beth recitando, cuja voz cruza com a voz *off* de Haroldo. Novo corte para plano frontal de Beth, agora ouvindo a voz *off* de Haroldo, enquanto alguns caracteres ideogramáticos piscam e desaparecem na tela. Ouve-se a voz de Bressane ("atenção, hein"), Beth começa a repetir a voz *off* de Haroldo. Bressane, com lanterna na mão, entra e refaz a postura das mãos de Beth (som de jazz). Depois de um tempo nessa postura frontal, ela começa a repetir a voz *off* de Bressane que se cruza com a voz *off* da leitura de Haroldo (entra música de Elvis).

Voz *in*, cruzamento de vozes *in-off*, escuta de voz *off*, repetição *in* de voz *off*, repetição *in* de voz *off* que cruza com voz *off*! Mais que os próprios conteúdos, o que aí se ressalta são essas modulações e cruzamentos de sonoridades, essas performances de vozes intercaladas de escuta, silêncio e repetição, às vezes atingindo uma consistência sonora efetivamente mântrica (como as duas mulheres encurraladas, próximo ao final, de fato ouvirão).

No campo das apropriações visuais, das passagens entre-imagens e suas fricções, os materiais de composição reiteram a consistência híbrida do vídeo anterior. Reaparece o formato das grandes telas picturais (os painéis que compõem o cenário da sala onde as três mulheres se reúnem, com Haroldo lendo); o espectador de cinema (vídeo-depoimento de Leminsky) é substituído pela espectadora de TV (mulher vendo filme de Elvis Presley e outro, com dois homens, com um dos quais tenta interagir com um cigarro); os fragmentos da imagem-cinema insistem, só que agora com o suspense de Hitchcock (*Um Corpo que Cai* [1958]), o terror de Mojica Marins (*À Meia-Noite Levarei sua Alma* [1964]), a ficção científica de Godard (*Alphaville* [1965]).

Observa-se aí, no campo das apropriações da imagem-cinema, um deslocamento das escolhas dos anos de 1940 e 1950 para os anos de 1950 e 1960 (sobretudo 1960, já que, ao contrário dos demais, apenas um rápido plano de *Um Corpo que Cai* é visto), assim como um deslocamento sobre a paisagem dos gêneros cinematográficos.

A seleção do filme de Godard inflete-se na estrutura fragmentária do texto-matriz, de seu título, na dispersão galática que ressalta da granulação (estourada) fotovideográfica que marca este trabalho, de uma maneira bastante interessante.

Alphaville é um filme de incursão futurista de Godard pelo universo da sociedade pós-industrial. Automatizada, com o ano-luz como medida de potência, governada por um ordenador (Alpha 60) cujo "ideal é construir em Alphaville uma sociedade técnica como as térmitas ou as formigas", Alphaville, destaque-se, é a capital de uma galáxia. Centro, portanto, de uma enorme dispersão, para além da qual existem, apenas, os "países exteriores" de onde procede o agente secreto Lemmy Caution. Sua missão: resgatar um importante cientista (Léonard Nosferatu ou professor Von Braun) e sua filha (Natacha Von Braun), levados a Alphaville. Ao final, após matar o cientista que se recusa a voltar, Lemmy e Natacha fogem: "Eram 23:15, hora oceânica, quando Natacha e eu saímos de Alphaville através das vias marginais. Viajando toda a noite pelo espaço intersideral estaremos amanhã em nosso país"[13].

O filme de Godard é o disparador de uma espécie de *fiat lux* do vídeo bressaneano (a lanterna na mão, os isqueiros que se acendem, os faróis de carro, os fósforos, os grandes holofotes com luz intensa). Num, que inicia o vídeo (Lemmy Caution no seu Ford-Galaxy chegando a Alphaville?), é o primeiro plano de um homem no carro, acende o isqueiro e o cigarro, manipula um revólver, aciona o motor do carro e faz-se um corte para plano do farol (que reaparecerá). Em outro, cerca de oito seqüências depois (seguido da eliminação da baba espermática), primeiro um isqueiro se acende sozinho sobre a mesa, com uma voz *off* que pergunta – "tem fogo?"; a seguir, um plano de Natacha (Ana Karina) com um cigarro, entra uma mão com isqueiro e nova voz *off* diz – "Andei nove mil quilômetros para lhe dar"; ela vem de dentro para fora e se apresenta ("Sou Natacha Von Braun"/"Eu sei"/"Como sabe?").

Viajei nove mil quilômetros para lhe dar – fogo! Obviamente não se trata de uma distância intersideral, mas de uma distância terrestre considerável (distância aérea Rio-Paris: 9.147 km). Fogo que é negado a uma das mulheres, também cerca de oito seqüências depois desta, numa trucagem em que ela busca interagir com o filme de TV (o fósforo aceso que não acende o seu cigarro, com a imagem avermelhada retida na tela fundindo-se com uma paisagem desértica. *Deserto vermelho*?).

Esse *leitmotiv* de um *fiat lux*, pontuando sob tantos aspectos essa *Galáxia Dark*, é produtor de múltiplos sentidos que operam ressignificações, novas combinatórias, entre materiais tão híbridos. Fiat cinema! Já que na concepção gance-bressaneana "cinema é a música da luz". Faça-se cinema em galáxia eletrônica. Fiat vídeo! Compondo-o com outras galáxias, friccionando suas imagens eletrônicas com outras eras da imagem que lhe são contemporâneas. Afinal, já vimos Bressane afirmar: "quanto mais imagem-máquina mais necessário será o desenho rupestre".

A doação do fogo (mas também sua recusa), esse motivo prometéico tão incrustado em solo ocidental, vem compor, assim, um intricado diagrama entre imagens. É a galáxia bressaneana posta em contato com a galáxia godardiana, ambas fazendo circular sensações de uma a outra. É o vídeo que busca-leva (dos "países exteriores") a chama de uma nova combinatória com o universo do filme; é o filme que leva-busca (desde *Alphaville*) uma nova combinatória com a luz videográfica.

Mas não se fica só (?) nisso. Os fragmentos dos outros dois filmes adensam mais ainda a luz videográfica bressaneana.

No suspense hitchcockiano de *Um Corpo que Cai* (extraído do romance *D'entre les morts*, de Boileau-Narcejac), a trama policial (o

---

13. Ruben Gubern, "Itinerário Filmográfico", *Godard Polêmico*, Barcelona, Tusquets Editor, 1969.

antigo inspetor de polícia que vigia a mulher do amigo, na verdade a amante, ambos pregando-lhe a peça da morte da verdadeira mulher lançada do campanário, depois sendo a vez da amante ter o mesmo destino por acidente) inflete-se, entre outros, no tema do duplo (Madeleine-Judy/Kim Novak). A viva como duplo da morta, onde não faltam igreja, cemitério, desejo necrófilo, até uma luz neon verde que ilumina uma "volta de entre os mortos"[14].

Bressane extraí daí um fragmento que remete ao enigma do duplo cifrado num quadro, num intenso diagrama de olhares: a cena da personagem no museu, sentada diante da grande tela na parede branca, sob a espreita do homem que se esconde quando ela se vira. Esse inserto entra após uma seqüência do vídeo em que uma das mulheres (Beth), com o rosto voltado para a câmera, em desespero, depois numa imagem espectral com o véu (a câmera se inclina e a pega deitada, evocando o plano da rua deitada de *Limite*), finalmente se lança na direção da parede branca. A perda-busca de si diante da tela, no jogo especular aberto na parede branca, no branco do não-visto, a vertigem identitária do branco no branco.

As apropriações dos fragmentos de *À Meia-Noite Levarei sua Alma* (mistura de gêneros que vai do capa-e-espada, circo, desenho animado, à ficção científica), primeiro filme realizado no Estúdio Mojica (uma antiga sinagoga, depois asilo, no bairro do Brás), vêm, por fim, rebater e espraiar toda essa constelação significante.

Relançando em seus fluxos videográficos, em seu circuito criativo atual elementos e aspectos da estética "marginal" do final dos anos de 1960 e 1970, recompondo-os em novos arranjos visuais (a felação, os grunidos, a baba espermática quase lançada contra a objetiva, após a suspensão/perda de nitidez das imagens televisivas do ídolo pop Elvis), é como se Bressane também reenviasse tais elementos às suas fontes mais "primitivas" – à estética *trash* de Zé do Caixão, entre outras.

De fato, do terror macabro deste filme, Bressane extraí toda uma pastoral (às avessas) da carne, todo um investimento no corpo (num cinema do corpo) supliciado que o encerra "na prisão angustiante da morte... porque não pode gritar" (seqüência da aranha subindo o corpo da mulher amordaçada, sob o discurso de Zé do Caixão). Traçando

---

14. "Você se lembra de que na primeira parte, quando James Stewart seguia Madeleine no cemitério, os planos sobre ela a tornavam bastante misteriosa, pois os filmávamos através de filtros de névoa; obtínhamos assim um efeito colorido verde por cima da claridade do sol. Mais tarde, quando Stewart encontra Judy, escolhi fazê-la morar no Empire Hotel em Post Street porque há, sobre a fachada desse hotel, uma placa de neon verde que pisca constantemente. Isso me permitiu provocar sem artifício o mesmo efeito de mistério sobre a moça quando sai do banheiro; ela é iluminada pelo neon verde, realmente volta de entre os mortos." François Truffaut, *Hitchcock/Truffaut: Entrevistas*, São Paulo, 3ª. edição, Brasiliense, 1986.

sobre o corpo uma linha que a aranha percorre, estrategicamente, da vagina ao rosto, este acaba se tornando o efetivo alvo de um investimento (a imagem afectiva do rosto dando a ver os padecimentos da alma) que, primeiro, o priva da emissão sonora mais primal (o grito), para em seguida atingir as órbitas oculares que se esvaem em sangue, quando então o grito de pavor se libera. Zé do Caixão pode, assim, feito um anticristo, enunciar seu discurso místico-materialista sobre a descrença ("não creio em nada"), caindo sob trovões e relâmpagos com o rosto voltado para a câmera.

O conjunto de insertos de *À Meia-Noite Levarei sua Alma*, todos com essa marca ritual que toma o corpo por alvo, conflui com as imagens videográficas, muitas vezes espectrais, dessas mulheres igualmente submetidas a ritos (o vestuário lhes confere uma feição de devotas, crentes de formas religiosas primitivo-atuais) que as aprisionam, muitas vezes beirando o desespero. É assim que, na última seqüência, sob os grandes holofotes, as três mulheres, com os rostos descobertos dos insistentes véus que portam, vêm em direção à câmera. Da última voz *off* de Bressane se ouve: "Entrando na Terra Santa".

Godard chegou a pensar num outro título para seu filme *Alphaville*, que poderia ter sido chamado de *Tarzan* versus *IBM*. O título descartado sintetizaria sua filosofia antitecnocrática frente à formação social que o filme aborda, contrapondo "barbárie da ciência" e "humanismo"[15]. Afinal, no objetivo de criar uma sociedade técnica tão automatizada em suas funções quanto um formigueiro, uma componente regressiva do progresso se revela (os habitantes de Alphaville desconhecem palavras como "arte", "poesia", "consciência").

Mas aqueles eram tempos das polêmicas estruturalistas, após os quais as problematizações da cultura tecnológica transcenderam esse fundo humanista, inclusive, expondo sua face de moralismo piedoso, ressituando a relação homem-técnica noutro patamar. Por exemplo, compondo um novo diagrama de forças, um "finito-ilimitado", num mundo, finalmente (?), liberto da idéia de Deus e do conceito de Homem.

Bressane, felizmente, ultrapassa esse maniqueísmo divino-diabólico. Com sua luz videográfica, substancialmente composta pela confluência de outras luzes, próximas e distantes, no tempo e espaço, ele nos dá a ver um mundo em "passagem". Mundo constituído ("Entre *Alphaville* de Godard e *À Meia-Noite Levarei sua Alma* de José Mojica Marins", como se viu) de cultura tecnológica e cultura místico-religiosa, ambas povoando o mesmo planeta, por vezes rivalizando no mesmo solo. Afinal, não é este um "sonho-pesadelo" que há tempo ronda o sono da razão pós-moderna?

---

15. Roman Gubern, "Itinerário Filmográfico", *Godard Polêmico, op. cit.*

Galáxia *dark*, sem dúvida, mas que (des)fecha como abre. Não enquanto resolução de ações dadas num mero entrecho, mas pondo a nu uma logística da criação que ressalta dos materiais que lhe deram consistência e de suas combinatórias.

Enfim, *dark* compõe, não esqueçamos, um universo cromático multicolor, o "segundo movimento de um tríptico" que reúne Albina, Dark e, na série do devir, Ruiva...

Parte IV

Da Visibilidade à Legibilidade da Imagem

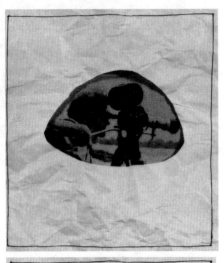

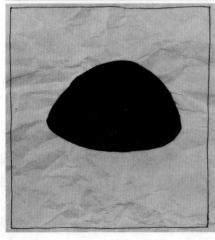

1. A Câmera é o Olho do Espírito

> [...] o cinema necessita dos temas extraordinários, dos estados culminantes da alma, de uma atmosfera visionária. O cinema é um excitante notável. Atua diretamente sobre a matéria cinza do cérebro.
>
> A. Artaud, "Réponse à une enquête".

> Se a percepção do movimento é uma síntese que se dá no espírito e não no mecanismo do olho, o cinema deve ser entendido também como um processo psíquico, um dispositivo projetivo que se completa na máquina interior.
>
> A. Machado, "Pré-Cinemas: As Origens do Cinema".

Nos três ensaios anteriores, o procedimento metodológico consistiu numa exposição preliminar contemplando aspectos mais gerais da obra de cada cineasta, seguida de uma análise filmovideográfica particularizada. Com isso objetivou-se criar um campo de inteligibilidade que tanto ressaltasse a singularidade de cada filme/vídeo, quanto a sua posição num conjunto.

Mantendo a lógica desse procedimento, pretendo agora fazer uma incursão no campo mais geral do cinema (e, inclusive, de outros campos artísticos), retornando depois aos filmes/vídeos analisados. O objetivo é compor uma articulação de questões pertinentes às análises desenvolvidas e nelas tornando a circunstanciar.

Trata-se das questões da *postura vertical* que comanda nosso mundo óptico, de sua conexão com uma *arte retiniana* firmada na demanda de um *olhar*, assim como da desmontagem desse paradigma persistente nos processos de hibridação das imagens que marcam o regime visual no qual mergulhou-se há algumas décadas.

A proposição de um "cine-olho", que correspondesse a um tratamento cinematográfico da realidade imediata, foi a base de toda uma doutrina estética de Dziga Vertov. Numa fórmula concisa ele assim o define: "Cine-Olho = cine-gravação dos fatos", formulação desdobrada em: "Cine-Olho = cine-vejo (vejo com a câmera) + cine-escrevo (gravo com a câmera sobre a película) + cine-organizo (monto)". Ao que, com uma certa paráfrase, pode-se arrematar: Vejo, logo sou![1]

Esse privilégio do olho, mas sobretudo sua "con-fusão" com a câmera, ou essa "propensão de qualquer reflexão sobre o cinema para assimilar a câmera a um olho", ressalta bastante nas interpretações que se fazem de movimentos de câmera básicos. Por exemplo: "a *panorâmica* seria o equivalente do olho que gira na órbita, o *travelling*, de um deslocamento do olhar; quanto ao *zoom*, dificilmente interpretável em termos de simples posição do suposto sujeito do olhar, às vezes tentou-se lê-lo como 'focalização' da atenção de um personagem"[2].

Ora, tais interpretações, sem dúvida, vão se infletir nas pesquisas em torno da análise e síntese do movimento, iniciadas na primeira metade dos Oitocentos (sobretudo com Joseph Plateau, sua tese publicada em 1829) e que estão na fonte da invenção do cinematógrafo dos Lumière. Com seu dispositivo óptico *fenaquisticópio* (composto do grego, significando "visão ilusória"), Plateau formula a tese, corrente até hoje, de que a síntese do movimento resultaria do fenômeno da "persistência retiniana" das imagens. No início deste século, uma revisão cabal da tese de Plateau retira do âmbito óptico a explicação para a efetivação do movimento cinemático.

Arlindo Machado, em instigantes pesquisas sobre a base técnica que funda todo um regime de imagens que conhecemos na atualidade, propondo que "é impossível pensar a estética independentemente da intervenção da técnica", dá-nos o seguinte quadro:

[...] Mas o fenômeno da persistência da retina nada tem a ver com a sintetização do movimento: ele constitui, aliás, um obstáculo à formação das imagens animadas, pois tende a superpô-las na retina, misturando-as entre si. O que salvou o cinema como aparato técnico foi a existência de um intervalo negro entre a projeção de um fotograma e outro, intervalo esse que permitia atenuar a imagem persistente que ficava retida pelos olhos. O fenômeno da persistência da retina explica apenas uma coisa no cinema, que é o fato justamente de não vermos esse intervalo negro (Chanan 1980, pp. 54-68; Aumont *et al*., 1983, p. 160; Sauvage 1985, p. 45). A síntese do movimento se explica por um fenômeno psíquico (e não óptico ou fisiológico) descoberto em 1912 por Wertheimer e ao qual ele deu o nome de fenômeno *phi*: se dois estímulos são expostos aos olhos em diferentes posições, um após o outro e com pequenos intervalos de tempo, os observadores percebem um único estímulo que se move da primeira à segunda (Vernon 1974, p. 202). Isso significa que o fenaquisticópio, que Plateau construiu para demonstrar a sua tese da persistência da retina, na verdade explicava o fenômeno *phi*, ou seja uma produção do psiquismo e não uma ilusão do olho. Mas por um paradoxo próprio da cinematografia, se o fenômeno da persistência da retina não diz respei-

---

1. Dziga Vertov, "El 'cine-ojo' y el 'cine-verdad'". In: J. R. Ramió e H. A. Thevenet (orgs.), *Fuentes y Documentos del Cine/La Estética, las Escuelas y los Movimientos*, Barcelona, Fontamara, 1985.
2. Jacques Aumont *et al*., "O Filme como Representação Visual e Sonora", *A Estética do Filme*, Campinas, Papirus, 1995.

to ao movimento cinemático, ele é todavia uma das causas diretas de sua invenção, pois foi graças às indagações (equivocadas) em torno desse fenômeno que nasceram as máquinas de análise/síntese do movimento[3].

Que a arte do movimento, das imagens em movimento, como desde os inícios serviu de denominação ao cinema, ao ponto de se querer fazer rebater nesse aspecto toda sua ontologia, que o movimento cinemático seja uma produção do espírito muito mais que do olho, tal é também o que Deleuze, via Bergson, desenvolve em seus dois livros de teoria do cinema. Neles, o filósofo propõe uma mudança decisiva em nossa concepção da imagem cinematográfica, deslocando-a dessa referência quase exclusiva, desde as origens, ao movimento. Como afirma, em vez da passagem do mudo ao sonoro, do preto e branco ao multicolor, foi bem mais crucial para a história do cinema a descontinuidade introduzida por um duplo regime da imagem: o de uma "imagem-movimento" e o de uma "imagem-tempo", ambos recortando um período "clássico" e um "moderno"[4].

Como apontei rapidamente, no início da segunda parte do ensaio do filme de Glauber Rocha, os entrevistadores (Bonitzer/Narboni) questionam Deleuze a respeito da total ausência da "noção de olhar" em seus livros. Sua resposta é interessante na medida em que nela se produz uma articulação entre *câmera-olho-tela-espírito*. Duvidando de que tal noção seja indispensável, ele continua:

O olho já está nas coisas, ele faz parte da imagem, ele é a visibilidade da imagem. É o que Bergson mostra: a imagem é luminosa ou visível nela mesma, ela só precisa de uma "tela negra" que a impeça de se mover em todos os sentidos com as outras imagens, que impeça a luz de se difundir, de se propagar em todas as direções, que reflita e refrate a luz. "A luz que, propagando-se sempre, jamais teria sido revelada...". O olho não é a câmera, é a tela. Quanto a câmera, com todas as suas funções proposicionais, é antes um terceiro olho, o olho do espírito[5].

Circunstanciando tais proposições no cinema de Hitchcock, lembrado pelos entrevistadores como um cinema que traz à tona o "problema do olhar", Deleuze afirma que não é disso que se trata. Hitchcock, reconhecidamente, é um cineasta que introduz o espectador no filme, mas tão só "porque ele enquadra a ação em todo um tecido de relações" que repercute, sem dúvida, no espectador. Mas tais relações, implicando, por exemplo, a doação, troca ou devolução de um crime (a ação) a alguém, não se assimilam às ações, sendo "atos simbólicos que só

---
3. Arlindo Machado, "Pré-Cinemas: As Origens do Cinema (O Cinema antes do Cinema)", *Pré-Cinemas & Pós-Cinemas*, Campinas, Papirus, 1997.
4. Gilles Deleuze, *A Imagem-Movimento*, São Paulo, Brasiliense, 1985. *A Imagem-Tempo*, São Paulo, Brasiliense, 1990.
5. Gilles Deleuze, "Sobre a Imagem-Movimento", *Conversações (1972-1990)*, Rio de Janeiro, Ed. 34, 1992.

têm uma existência mental (a dádiva, a troca etc.)". E o que a câmera revela, com suas funções proposicionais, é isso: "o enquadramento e o movimento da câmera manifestam as relações mentais". Deslocando o cinema hitchcockiano da referência costumeira à ação (o suspense, a surpresa, o mistério), Deleuze propõe que o que interessa ao cineasta inglês "é o problema e os paradoxos da relação". Nesse sentido, Hitchcock comporia seu quadro à maneira de um "quadro de tapeçaria", o "qual sustenta a cadeia de relações, ao passo que a ação constitui somente a trama móvel que passa por baixo e por cima". Desse modo, ao cineasta é creditado a introdução da "imagem mental" no cinema, o que remete, não ao olhar, mas à concepção da câmera como "olho do espírito". Imagem mental que vem ultrapassar a "imagem-ação", mergulhando-nos na profundidade de uma "espécie de vidência".

Todo esse itinerário sinuoso, que parte do olho-olhar como superfície de inscrição e condição de possibilidade da imagem e com o qual se quis construir uma referência exclusiva e insuperável, quase ontológica, para o cinema, vem a propósito da questão da verticalidade. Ou seja, a partir do momento em que aquilo que supúnhamos como uma função do olho-olhar é recomposto em termos de uma função do espírito, mental mais que visual, são novas coordenadas que vêm orientar nossa percepção e compreensão da imagem. É uma arte retiniana que aí soçobra.

Retomando, ainda, a entrevista dos críticos Bonitzer/Narboni com Deleuze, eles cobram do filósofo por que "considerar o cinema apenas sob esse ângulo 'geometral'", trazendo então a questão do olhar. O ângulo geometral é, justamente, o que Deleuze compõe como sendo a "questão da verticalidade". É aí onde mais se evidencia por que ele passou por cima da renitência do olhar, relativizando seu caráter de noção indispensável.

A questão da verticalidade constitui aspecto medular de uma problemática mais ampla, a da "legibilidade" da imagem. Respondendo à indagação dos entrevistadores sobre se esse conceito não estaria implicado no campo lingüístico (retorno da questão de uma "linguagem" do cinema), Deleuze diz que não, que está mais próximo de uma concepção do cinema como "modulação". Ou seja, que no cinema "não são só as vozes, mas os sons, as luzes, os movimentos que estão em modulação perpétua"; constituindo "parâmetros da imagem, eles são colocados em variação, em repetição, em pisca-pisca, em anel etc.". Uma "evolução atual" da imagem (em relação ao cinema clássico), exposta sobretudo na "imagem eletrônica", vem incidir sobre esses aspectos. Trata-se da "multiplicação dos parâmetros, e (d)a constituição de séries divergentes, enquanto a imagem clássica tendia para uma convergência de séries". Daí porque "a visibilidade da imagem torna-se uma legibilidade", com legível designando "a independência dos parâmetros e a divergência das séries".

É a constituição dessa dimensão legível da imagem que, de acordo com Deleuze, vem pôr em questão a postura vertical como condicionante:

> Nosso mundo óptico está condicionado em parte pela estatura vertical. Um crítico americano, Leo Steinberg, explicava que a pintura moderna se define menos por um espaço plano puramente óptico que pelo abandono do privilégio vertical: é como se o modelo da janela fosse substituído por um plano opaco, horizontal ou inclinável, sobre o qual os dados se inscrevem. Seria isso a legibilidade, que não implica uma linguagem, mas algo da ordem do diagrama. É a fórmula de Beckett: mais vale estar sentado que de pé, e deitado que sentado. O balé moderno é exemplar a esse respeito: acontece de os movimentos mais dinâmicos se passarem no chão, enquanto que, de pé, os dançarinos se aglutinam e dão a impressão de que cairiam caso se separassem. No cinema, pode ser que a tela conserve uma verticalidade apenas nominal, e funcione como um plano horizontal ou inclinável[6].

Multiplicação e independência dos parâmetros da imagem (dos elementos de que se compõe: vozes, sons, luzes, movimentos etc.), formação de séries divergentes com eles. Nesse regime de legibilidade da imagem são todas as coordenadas que compunham a imagem clássica, que orientavam todo um universo perceptivo anterior, que são postas em crise, com a janela-quadro-tela transmutando-se num diagrama, num conjunto de linhas diversificadas funcionando simultaneamente, enfim, numa espécie de "mesa de informação", de banco onde os dados-parâmetros da imagem vêm se inscrever.

Deleuze recorta essas reviravoltas de nosso horizonte perceptivo em múltiplos campos artísticos (balé, cinema, pintura etc.). No caso da pintura, ele remete a Leo Steinberg (sua conferência, "Other Criteria", no MAM-Nova York, em 1968), a quem cita no final de *A Imagem-Tempo*, onde a perda da primazia da postura vertical e uma nova concepção do quadro/tela recebem destaque. Lá, numa nota de pé de página das "Conclusões", ele comenta que Steinberg

> já recusava definir a pintura moderna pela conquista de um espaço óptico puro, e salientava dois caracteres, a seu ver complementares: a perda da referência à postura humana ereta, e o tratamento do quadro como superfície de informação: é o caso de Mondrian, quando metamorfoseia o mar e o céu em signos mais e menos, mas é sobretudo o que vemos a partir de Rauschenberg.

Vem então a citação de Steinberg: "A superfície pintada já não apresenta analogia com uma experiência visual natural, mas se aparenta a processos operacionais. [...] O plano do quadro de Rauschenberg é o equivalente da consciência mergulhada no cérebro da cidade"[7].

Através de um outro itinerário, em que focaliza as "relações entre a arte contemporânea e a fotografia no século XX", Dubois compõe um

---

6. *Idem*.
7. Gilles Deleuze, "Conclusões", *A Imagem-Tempo, op. cit.*

quadro igualmente complexo dessas mudanças. Partindo da questão "a arte é (tornou-se) fotográfica?" (título de seu ensaio), ele desenvolve uma provocante e pertinente tese: a de que, de Duchamp à fotoinstalação, o campo artístico incorporou cada vez mais os parâmetros-procedimentos fotográficos, invertendo-se a inicial vontade de arte da fotografia em uma vontade fotográfica da arte[8]. Como isso se dá?

Dubois opera a partir de uma terminologia da semiótica peirceana. Propõe uma "lógica do índice" como fundante da representação fotográfica, sobrepondo-se a uma "lógica do ícone" que funda a representação clássica. Na perspectiva monocular tradicional, em seu campo perceptivo e representacional, "todos os dados são regidos pela mesma estrutura ortogonal, petrificada e rigorosa (o ponto de vista do homem de pé, vertical, preso ao chão e observando um mundo horizontal estendido diante dele)".

Semelhança, representação, mimetismo, a concepção do quadro como janela aberta para o mundo, rígida moldura que punha o campo óptico numa espécie de estado de prontidão permanente, eis o que, segundo Dubois, começa a ceder com a irrupção de novos parâmetros trazidos pela invenção fotográfica. Sobretudo a partir dos anos de 1920, após a fotografia reconhecer "sua impossibilidade teórica e prática" frente à pintura, após abandonar sua vontade de "se fazer pintura" (o ponto alto disso sendo o movimento pictorialista, entre 1890-1914).

A lógica do índice, antes de ser mimética, analógica, corresponde a uma "lógica do ato, da experiência, do sujeito, da situação, da implicação referencial". Nela a imagem compõe-se "como simples impressão de uma presença, como marca, sinal, sintoma, como traço físico de um estar-aí (ou de um ter-estado-aí)". Trata-se de "uma impressão que não extrai seu sentido de si mesma, mas antes da relação existencial – e muitas vezes opaca – que a une ao que a provocou".

Lógica do índice, portanto, como lógica do ato, do "ato fotográfico", conforme o título de seu livro e um campo de pesquisa que aí compõe Dubois. Ato cujo significado maior é operar um descentramento em nosso sistema visual-perceptivo-representativo, instaurando toda uma outra lógica da criação artística em ruptura com uma "arte retiniana".

Vimos como esse imperativo do retiniano, por um momento, ainda quis fundar a condição de possibilidade do movimento cinemático, logo exposto como um equívoco ao se demonstrar como tal possibilidade ultrapassava a mera esfera ocular.

Na arqueologia traçada no ensaio de Dubois, a ruptura do retiniano encontra em Duchamp um de seus maiores artífices:

---

8. Phillipe Dubois, "A Arte É (Tornou-se) Fotográfica? Pequeno Percurso das Relações entre a Arte Contemporânea e a Fotografia do Século XX", *O Ato Fotográfico*, Campinas, Papirus, 1994.

Se Marcel Duchamp representa a ruptura absoluta na alvorada desse século é principalmente pelo abandono que institui desde muito cedo de tudo o que tem relação com o que ele chamava "a arte retiniana" (isto é, com a representação "clássica", inclusive em suas formas "revolucionárias", como o impressionismo ou o cubismo, que Duchamp atravessou rapidamente para não voltar nunca mais) em proveito de uma concepção da arte baseada essencialmente na lógica do ato.

Isto é, baseada na "própria lógica que a fotografia faz emergir".

E se nos ativermos ao filme experimental que o artista fez em 1926, *Anémic Cinéma*, podemos vislumbrar tamanho radicalismo. Nele, por alguns minutos, uma espécie de diagrama do globo ocular gira incessantemente, como que a expor uma fraqueza retiniana que já tomava conta do cinema (sua domesticação narrativo-associativa). Mesma fraqueza contra a qual Artaud praguejava, ao propor um "cinema da crueldade".

A partir do criador dos *ready-made* ("casos extremos em que o produto final não apenas não aparece, mas nem mesmo tem o traço físico de um objeto exterior 'a ser apresentado'", sendo o "próprio objeto, tornado obra com tal, por um ato de decisão artística"), Dubois mostra como essa lógica do ato/índice orienta a obra dos "pioneiros da 'abstração'" (El Lissitsky e Malévitch, com sua "concepção 'suprematista' do espaço pictural, ligada à produzida pela fotografia aérea"), assim como as "operações de (foto) montagem dos dadaístas e dos surrealistas".

Esses três patamares (dadaísmo, abstracionismo e surrealismo) constituem uma "abertura" que enfoca o papel dos "precursores" nessas mudanças. O mesmo intento demonstrativo e minucioso de sua tese o leva, a seguir, à construção de uma vasta rede de experimentos artísticos que se seguiram do pós-guerra aos anos de 1980 (do expressionismo abstrato americano à fotoinstalação).

Como se não contente com o denso panorama acabado de construir em seu ensaio, após toda sua exposição da desmontagem da arte retiniana pela lógica do ato, Dubois conclui remetendo-nos, numa última anotação, a um "olhar pensativo" (ao livro de Régis Durand, *Le regard pensif. Lieux et objets de la photographie*). Tal olhar, dirigindo-se prospectivamente para a fotografia dos anos de 1990, o que faz é abrir-se para um lampejo de vidência. Diz Durand (citado na nota de Dubois): "Tudo acontece como se estivéssemos finalmente prontos a renunciar aos últimos usos analógicos da imagem fotográfica e como se tudo o que se condensara nela no passado, toda essa energia de captura e de construção, estivesse implodindo"[9].

Ainda no âmbito das artes plásticas e igualmente num registro dessa lógica do ato, dessa desmontagem de uma arte retiniana, o pensamento estético de Hélio Oiticica é pródigo em rupturas, com uma impressionante atualidade que o lança num circuito artístico internacio-

9. *Idem.*

nal desde cedo, não parando de proliferar, sobretudo na última década, os interesses por sua obra. Desde os anos de 1950, como um desdobramento de sua atividade no campo da pintura, suas elaborações conceituais visam intensivamente esse campo de questões da arte moderna, levando-o às proposições de uma "antiarte ambiental".

Um dos eixos nodais de seu pensamento é o da construção de uma "profundidade" local no campo do experimentalismo artístico, através da invenção e fixação de processos construtivos que adquiririam a consistência de uma linguagem singular. A criação dessa linguagem, cumprindo "o destino de modernidade do Brasil", seria uma de nossas armas mais potentes de resistência à diluição-achatamento no ato da "cópula mundial"[10].

Daí todo o seu trajeto de criação desses objetos estranhos (a linguagem singular) que não param de se multiplicar: *metaesquemas, bilaterais, relevos espaciais, núcleos, penetráveis, bólides, parangolés* etc. O que se diagrama nesse itinerário, particularmente intenso entre os anos de 1950 e 1960, uma verdadeira transmutação, são linhas de força-fuga que se desprendem da parede (metaesquemas), voam para o teto (bilaterais) e conquistam a horizontalidade lançando-se ao chão (relevos espaciais, núcleos, penetráveis, bólides, parangolés). O circuito é o da saída do "quadro" para o "ambiente", numa intensa desterritorialização do olhar, da atitude contemplativa, desterritorialização dos sentidos do sentido unidirigido da visão, num movimento sinestésico que faz proliferar os blocos de sensações.

Aqui forma-se o sentido de uma "antiarte ambiental", de um "programa ambiental" proposto por Oiticica nos seguintes termos:

> A posição com referência a uma "ambientação" é a conseqüente derrubada de todas as antigas modalidades de expressão: pintura-quadro, escultura etc.; propõe uma manifestação total, íntegra, do artista nas suas criações, que poderiam ser proposições para a participação do espectador. Ambiental é para mim a reunião indivisível de todas as modalidades em posse do artista ao criar – as já conhecidas: cor, palavra, luz, ação, construção etc., e as que a cada momento surgem na ânsia inventiva do mesmo ou do próprio participante ao tomar contato com a obra[11].

O corpo adquire, então, sentidos totalmente desestabilizadores, no limite tornando-se corpo dançarino, com o dançar, enquanto "imersão no ritmo", enquanto hibridação de gesto-ato-ritmo, consistindo, para Oiticica, na busca por excelência do "ato expressivo direto, da

---

10. Hélio Oiticica, "Brasil Diarréia". In: Ronaldo Brito e P. Venâncio Filho (orgs.), *O Moderno e o Contemporâneo (o Novo e o Outro Novo)*, Rio de Janeiro, Funarte, 1980. Ver também meu texto: "Da Estação Primeira de Mangueira à Documenta de Kassel: Hélio Oiticica nas Redes do Virtual", *Percurso*, Revista de Psicanálise, Ano XII, n. 23, São Paulo, segundo semestre de 1999.

11. Hélio Oiticica, "Programa Ambiental", *Aspiro ao Grande Labirinto*, Rio de Janeiro, Rocco, 1986.

imanência desse ato". Em particular a dança "dionisíaca" (conectada aos ritos e festas coletivos), com suas "improvisações" que criam e recriam constantemente o próprio ato, "são o próprio ato plástico na sua crueza essencial"[12]. O corpo deixa de ser, desse modo, instrumento, espaço, superfície, suporte, integrando uma "vivência" (sentido de dar corpo, criar corpo, incorporar). Sua descoberta e relevância na obra de Oiticica, afirma Favaretto, "integra uma prática que, pela dissolução dos comportamentos habituais, encaminha novos aprendizados perceptivos, vivenciais, reflexivos, tanto individuais como coletivos"[13].

Operando também nesse registro de uma lógica do ato, mas agora no campo do cinema, Pasolini deixou-nos um seminal ensaio escrito nos anos de 1960. Igualmente inscrito num campo semiótico, como o de Dubois, nele o cineasta visa o processo de formação de uma "linguagem do cinema", feita de signos imagísticos ("im-signos"), diferentemente da linguagem literária, composta de signos lingüísticos ("lin-signos")[14].

No desenvolvimento de sua tese sobre a construção de uma "língua de poesia" no cinema, em adiantado processo nas cinematografias autorais do início da década (exemplificado por ele em Antonioni, Bertolucci e Godard), Pasolini mostra como isso tornou-se possível, apenas, pela via de uma superação dos parâmetros da narrativa tradicional. Ou seja, da transmutação de dois de seus elementos básicos, a narrativa indireta objetiva, feita do ponto de vista da câmera, e a narrativa direta subjetiva, feita do ponto de vista do personagem, numa "subjetiva indireta livre" (composição que o autor faz a partir da técnica do "discurso indireto livre", da literatura). Aí, nesse novo parâmetro, os dois tipos de composição de imagens herdados da narrativa clássica se contaminam, de modo a criar uma indiscernibilidade entre o visionarismo da câmera e o do personagem.

Nesse sentido, propõe Pasolini, o "cinema de poesia" em processo àquela altura, apresenta um conjunto de filmes duplamente caracterizados: 1) o filme visto é uma subjetiva indireta livre, "por vezes irregular e aproximativa", cujo realizador aproveita-se de um "estado de alma psiquicamente dominante do filme" (o do personagem em estado anormal, alterado, em crise, transe etc.), operando uma permanente mimese "que lhe permite uma grande liberdade estilística, anômala e provocativa"; 2) sob esse filme, corre um outro que o realizador "teria feito

---

12. Hélio Oiticica, "A Dança na Minha Experiência", *Aspiro ao Grande Labirinto*, op. cit.
13. Celso Favaretto, "Além do Ambiente", *A Invenção de Hélio Oiticica*, São Paulo, Edusp, 1992.
14. Pier Paolo Pasolini, "O 'Cinema de Poesia'", *Empirismo Herege*, Lisboa, Assírio & Alvim, 1982.

mesmo sem o pretexto da mimese visual do seu protagonista", filme cuja consistência é "inteira e livremente expressivo-expressionista".

Com toda essa reviravolta o estilo vem assumir uma dimensão basilar, "o exercício do estilo como inspiração". A partir disso, Pasolini passa para considerações de cunho propriamente técnico que entram na composição estilística. Uma nova partilha vem se formular: em relação à câmera, no cinema clássico todo o esforço era no sentido de "fazer com que a câmera não se sinta", enquanto agora é "fazer que se sinta a câmera". A grande diferença que se estabelece, então, entre as duas modalidades de cinema (de prosa e de poesia), sua enorme ruptura, é que no cinema de poesia a narrativa é elevada às potências do falso, o que ele cria são "pseudonarrativas", poemas visuais que são simulações de narrativa, "uma série de páginas líricas, cuja subjetividade será garantida pelo uso do pretexto da 'subjetiva indireta livre', onde o verdadeiro protagonista é o estilo".

Desse modo, a performance da câmera, os deslocamentos multidirecionais que realiza, suas flutuações, toda a imponência que adquire na composição da nova imagem "subjetiva indireta livre", encontra suporte nos seguintes aspectos enumerados por Pasolini:

a) a alternância de diversas objetivas, 25 ou 300 para o mesmo rosto; b) o emprego pródigo do *zoom*, com suas objetivas muito alongadas, que se colam às coisas dilatando-as como se fossem pães levedados em excesso; c) os contraluzes contínuos e fingidamente acidentais, com os seus reflexos na câmera; d) os movimentos manuais da câmera; e) os *travellings* exasperantes; f) as montagens falseadas por razões de expressão; g) os *raccords* irritantes; h) as intermináveis paragens sobre uma mesma imagem; i) etc. etc.[15]

Como se pode observar, é também uma lógica do ato que daí ressalta, lógica do ato cinematográfico similar àquela do ato fotográfico, do ato corporal expressivo, do ato experimental. Leva-se ao limite esse "fazer que se sinta a câmera", quando é o próprio ato de filmar que entra em quadro, imprime suas pegadas na película, expõe o processo do filme se fazendo filme, deixa os rastros de sua atividade, as marcas de sua atuação, a poeira de sua passagem.

No horizonte que vem se abrir com a emergência das estéticas videográficas, dos anos de 1970 para os de 1980, tudo isso que vimos esses autores colocar em termos de multiplicação e autonomia dos parâmetros da imagem, de construção de séries divergentes com eles, de complexidade que incide numa completa reviravolta dos referenciais que marcaram a noção de quadro/tela, tudo isso encontra ricos desenvolvimentos no pensamento de Bellour, particularmente em sua proposição de uma "poética das passagens" operando pela via de um "entre-imagens". Desdobrando-se num conjunto de ensaios nos campos da foto-

---

15. *Idem*.

grafia, cinema e vídeo, seu livro constitui um quadro intenso do estágio atual dos sistemas perceptivos que nos atravessam, numa configuração bem singular deles – os processos experimentais com as imagens[16].

São elaborações que resultam de um contato muito peculiar com as obras, quase num nível de respiração com elas, um vaivém, uma pulsação característica das derivas, mergulhos e ascensões do pensamento. É como se diante de tais peças artísticas o analista tivesse de mobilizar uma nova escuta, construir parâmetros inéditos, refazer seus quadros de referência, recompor o tempo todo posturas. Daí Bellour situar tais relações no campo de uma experiência:

> O entre-imagens é esse espaço ainda muito novo para ser abordado como enigma, e já bastante constituído para que possa ser circunscrito. Não se trata aqui de traçar sua história (como a de todas as misturas, seria difícil concebê-la), tampouco de formular sua teoria com base em conceitos específicos exigidos pelo entre-imagens, que seriam a condição para que se pudesse falar a seu respeito. Preocupei-me principalmente em procurar formular uma experiência, tal como se constituiu, pouco a pouco, a partir do momento em que se verificou que entramos, com o vídeo e tudo o que ele implica, num outro tempo da imagem[17].

Numa tentativa de situar um patamar para esse outro tempo da imagem, para esse novo regime da imagem, Bellour busca um solo poético: "Talvez fique claro, um dia, que a transição do cinema para o vídeo é comparável ao que foi em poesia a passagem do verso alexandrino para o verso livre". Essa imagem da imagem atual como um verso livre não circunscreve qualquer imagem, trata-se, como apontei, de uma imagem em fuga que um ato experimental põe em circulação: "O cinema experimental ou de vanguarda (nenhuma dessas palavras é boa) e o vídeo-arte (que não é melhor) têm em comum essa vontade de escapar por todos os meios possíveis de três coisas: a onipotência da analogia fotográfica, o realismo da representação, o regime de crença na narrativa"[18].

Escapar do dado, das significações dominantes, de solos já constituídos, desterritorializar o olhar, criar novos sentidos, fazer irromper novas combinatórias, enfim, traçar linhas de fuga utilizando-se de todos os meios possíveis, eis o móvel e a consistência do ato experimental; não "um ato a ser julgado posteriormente em termos de sucesso ou fracasso", mas um "ato cujo resultado é desconhecido"[19].

De acordo com Bellour, sua idéia disparadora, a importância do surgimento do vídeo para a reciclagem dos processos imagéticos, a

---

16. Raymond Bellour, *Entre-Imagens: Foto, Cinema, Vídeo*, Campinas, Papirus, 1997.
17. Raymond Bellour, "Entre-Imagens", *op. cit.*
18. Raymond Bellour, "As Bordas da Ficção", *op. cit.*
19. Hélio Oiticica, "Experimentar o Experimental", *Arte em Revista*, n. 5, São Paulo, Kairós, 1980.

grande força do vídeo "foi, é e será a de ter operado passagens", ele "é antes de mais nada um atravessador". Passagens das imagens nos interstícios abertos entre elas próprias, um lugar. Diz ele:

> Desse modo (virtualmente), o entre-imagens é o espaço de todas essas passagens. Um lugar, físico e mental, múltiplo. Ao mesmo tempo muito visível e secretamente imerso nas obras; remodelando nosso corpo interior para prescrever-lhe novas posições, ele opera entre as imagens, no sentido muito geral e sempre particular dessa expressão. Flutuando entre dois fotogramas, assim como entre duas telas, entre duas espessuras de matéria, assim como entre duas velocidades, ele é pouco localizável: é a variação e a própria dispersão[20].

Passagens entre-imagens que põem em flutuação pontos de vista, operam deslocamentos multidirecionais, reembaralham quadros de referência, produzindo novos remodelamentos e reposicionamentos dos corpos. É assim que, decolando dos arranjos e resoluções dadas no campo imagético, a emergência das estéticas videográficas vem instaurar novos nós problemáticos, criando um trânsito contínuo entre um virtual e um atual, um duplo modo de ser das imagens. Uma "poética das passagens", portanto, é o que Bellour ressalta como algo pertinente às fricções que se dão entre os meios fotográfico, cinematográfico e videográfico, contemporaneamente, e que vêm fundar uma imagem de consistência eminentemente híbrida.

Num quadro sinóptico, inscrevendo e ampliando tais desenvolvimentos numa configuração cultural mais ampla, onde a relação entre arte e tecnologia ganhe relevo, temos o conjunto de proposições que segue.

1. Nosso mundo óptico, nossa cultura visual foi fundamentalmente determinada por modos de percepção do espaço cujo modelo é o da postura humana ereta, vertical. Molde por excelência dos produtos que visam a ampliação-substituição da visão (máquinas de visão: telescópio, microscópio, fotografia, cinema, holografia, televisão, videografia, infografia), dele são derivadas as noções estéticas de janela, quadro, tela.

2. O campo da arte do último século, da moderna à contemporânea, com suas pesquisas do novo, seus transes sinestésicos, suas atitudes experimentais, faz do condicionamento óptico da postura vertical uma questão, tornando-o um limite a ser transposto. É toda uma espacialidade estabelecida, todo um perspectivismo familiar aos sentidos que se vêm abalados em formas novas de percepção criadas pelas mais diversas correntes artísticas (futurismo, cubismo, dadaísmo, surrealismo, abstracionismo, expressionismo abstrato, pop art, hiper-realismo, novo realismo, nova figuração, arte cotidiana, arte conceitual, arte ambiental, arte corporal, arte de evento).

---

20. Raymond Bellour, "Entre-Imagens", *op. cit.*

3. Mas para além do "modernismo" estético, é a "modernidade" tecno-científica como um todo que se vê implicada numa transmutação sem precedentes das coordenadas do espaço, numa alteração radical de nossos padrões perceptivos, cujo poder de impacto é a completa modificação das relações com o ambiente (ampliado da casa-entorno ao planeta todo: o planeta-casa, a casa-planeta, conforme a sensibilidade "holística" que articula global-local). Nesse patamar de equacionamentos da produtividade tecno-científica do último século, em meio aos balanços do poder transformador da cultura moderna, é a questão ontológica do ser atual que se impõe (intensamente dos anos de 1980 em diante), num debate-querela que confronta modernidade e pós-modernidade.

4. Com a questão de um ambiente de fim de século, nossa atualidade, profundamente modificado em suas coordenadas espaciais, a categoria de tempo, o interesse e pesquisa pelas múltiplas temporalidades que nos atravessam, torna-se foco privilegiado das atividades do pensamento. Aqui, todo um universo vocabular, todo um campo conceitual que as teorias da "cultura de massa" haviam tornado familiar (sobretudo via pensamentos alemão, italiano, francês, americano) se renovam. Um argumento generalizado, de alcance transdisciplinar, é o de que, ao transpor o empenho moderno de domesticação do espaço-movimento, a cultura atual pós-moderna, com seus processos de "industrialização da percepção", suas "tecnologias visuais", suas "máquinas de visão", opera a passagem de um registro geopolítico a uma cronopolítica. O empenho de tal cultura sendo, portanto, o do controle da velocidade, colonização do tempo, pura "dromologia". É nesse sentido que noções prestigiadas como a de "meios de comunicação de massa" transmutam-se em noções operantes como "veículos audiovisuais", "máquinas de visão" etc., numa tentativa de diagramação dos processos implicados nessas novas realidades. O que muda substancialmente é que, no limite, essas tecnologias da imagem, para além de suas funções primeiras de ampliação da visão com fins comunicacionais, visam sobretudo uma "visão sem olhar" que abole o fator humano na captação e processamento da imagem. No cúmulo, trata-se da realidade de uma "visão artificial" que delega à máquina a função de análise da realidade objetiva. Atualiza-se plenamente a consideração de Paul Klee, reiterada por Virilio: "Agora os objetos me percebem"[21].

5. No caso específico do cinema, sua história, viu-se, duplica-se (cinema clássico/cinema moderno) numa inflexão que é menos da ordem da passagem do mudo ao sonoro, do preto e branco à cor, que da "imagem-movimento" à "imagem-tempo"; ou seja, passagem das intensidades ligadas às questões do espaço às ligadas às questões do

---

21. Paul Virilio, *A Máquina de Visão*, Rio de Janeiro, José Olympio, 1994.

tempo. Com esse reenquadre, o cinema toma novo destaque na cultura maquínica do último século. Ele é reinvestido de uma potência que o destaca dentre as máquinas de visão: o fato de ter se tornado, com sua riqueza criativa, uma máquina privilegiada de explicitação dos mecanismos do pensamento (seu poder e impoder), uma "psicomecânica", um "autômato espiritual", uma "subjetividade automática", com isso trazendo ao primeiro plano um "pensamento por imagem" característico de nossa época. É na mudança que opera no regime da imagem (do movimento ao tempo) que o cinema melhor expõe suas potências de máquina de visão. Aí ele se torna plenamente "audiovisual", no sentido de que nele o sonoro e o visual dissociam-se enquanto imagens, demandando, mais que a "visibilidade" da imagem clássica (muda ou sonora), o esforço de "legibilidade" da imagem atual. Nesse esforço encontra-se em jogo o dado de uma reorganização da imagem, num meio onde o espaço perde suas direções privilegiadas, confunde suas orientações, abalando assim a primazia da vertical que condiciona nosso mundo óptico. Daí poder Deleuze afirmar, como se viu, que no cinema (mas também em meios mais recentes: videografia, infografia etc.) "pode ser que a tela conserve uma verticalidade apenas nominal, e funcione como um plano horizontal ou inclinável".

Com esse conjunto de proposições, pode-se observar o quanto as questões da arte e as da tecnologia foram mergulhando num certo princípio de indiscernibilidade. Toca-se aqui num temor bastante característico do campo cinematográfico, ao qual me referi e comentei no ensaio dos vídeos bressaneanos: o temor da "morte do cinema" frente aos novos meios que lhe sucedem, mas que também lhe são concomitantes. Ora, comenta Deleuze, uma máquina de visão (de pensamento) potente como o cinema não se restringe e se contenta com o meio que lhe é específico. Quando é criativo, mesmo "produzindo necessariamente com aquilo que tem", ele pode demandar novos meios que lhe auxiliem na superação de suas limitações, na expansão de suas forças. Ou seja, tal temor tem antes a ver com "autores medíocres", nas mãos de quem essas máquinas giram em falso, que com artistas que as solicitam em benefício de suas idéias[22].

A questão que se coloca então para o artista, frente às novas tecnologias da imagem, é a de sua "vontade de arte", vontade que o põe na situação de dizer: "reclamo novos meios, e temo que os novos meios anulem toda vontade de arte, ou faça dela um comércio, uma pornografia, um hitlerismo". É o estar a serviço dessa "poderosa vontade de arte", conclui Deleuze, dependendo mais de uma estética que de uma tecnologia, que torna possível uma utilização não-estéril desses novos meios.

22. Gilles Deleuze, "Sobre a Imagem-Movimento", *Conversações (1972-1990)*, op. cit.

Enfim, para concluir esse quadro panorâmico, quero ressaltar que a proposição de uma câmera-espírito que assume as prerrogativas de uma câmera-olho, tão saudada, como se viu, na aurora do cinema, não visa insuflar mais obscuridade em campo já tão complexo. Trata-se tão somente (vide Deleuze, Pasolini) de dar ênfase às "funções proposicionais" que ela adquire, concomitantemente à capacidade de apreensão dos mecanismos do pensamento pela imagem, dela tornar-se pensamento (o cinema como "autômato espiritual", "psicomecânica").

No final de seu livro sobre a "imagem-tempo", ao traçar rápidas e férteis pinceladas a respeito do horizonte aberto pelo espaço informático, com um "novo automatismo espiritual" que tal espaço vem introduzir (um "automatismo eletrônico"), assim como sobre sua capacidade de ressignificação do regime de imagem que o precede, Deleuze torna a falar desse "terceiro olho", remetendo-o agora a um "cérebro-cidade". Diz que com a emergência de "um espaço onidirecional que está sempre variando seus ângulos e coordenadas, trocando a vertical e a horizontal", a tela transmuta-se numa "mesa de informação, superfície opaca sobre a qual se inscrevem 'dados', com a informação substituindo a Natureza, e o cérebro-cidade, o terceiro olho, substituindo os olhos da Natureza"[23].

Realiza-se, portanto, o anseio moderno de cibernetização da Natureza, sua aferição através de sensoriamento remoto, sua substituição pela informação estocada em bancos de dados. Criação, assim, por sobre uma Natureza "natural", através de uma estratificação, de uma "Natureza cibernética"[24]. Superfície opaca, o olho-tela, como que vazado, recua dando lugar a esse terceiro olho deleuzeano. Olho do espírito, sua configuração põe em relevo um outro regime maquínico da imagem, para além de um regime sensório-motor clássico.

---

23. Gilles Deleuze, "Conclusões", *A Imagem-Tempo*, op. cit.
24. Francisco Elinaldo Teixeira, *A Idade Nuclear: Uma Odisséia pelos Confins da Natureza Cibernética*, dissertação de mestrado, São Paulo, FFLCH-USP, Depto. de Sociologia, 1988.

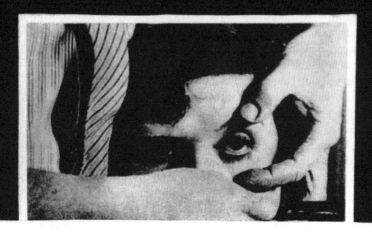

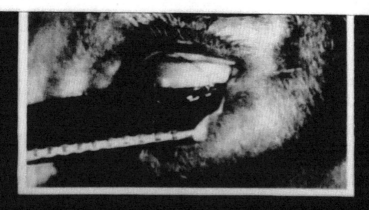

2. Três Cineastas (Trans)formadores

> *Filme de uma dimensão como o que se passa hoje será passado nas TVs velhas. Você só irá ao cinema para ver o grande espetáculo holográfico, do raio laser, das telas múltiplas, o cinema das jogadas visuais, a pintura eletrônica.*
>
> GLAUBER ROCHA, "O Cinema Brasileiro".

> *Da realidade virtual eletrônica, de computação gráfica, da holografia, é preciso voltar à sombra da caverna, à skiagrafia (que nasceu com Saurio de Samos desenhando o recorte da sombra de um cavalo sobre o sol) e aos primeiros rituais sensíveis de expressão artística.*
>
> JÚLIO BRESSANE, "Noosmancia".

As duas epígrafes acima se entrecruzam em suas proposições, formando um ponto comum (um nó) na era eletrônica. A de Glauber, da época do lançamento de seu último filme, no limiar de tal era chegando, a de Bressane, cerca de uma década depois, dela partindo. O tempo que se abre entre ambas corresponde a um período basilar de irrupções, formações e transformações das poéticas eletrônicas.

No âmbito dessa mesma entrevista em que fala sobre cinema brasileiro, Glauber assim posiciona o cinema bressaneano: "Temos o Júlio Bressane que fez quinze, vinte filmes *underground*, filmando com pouquíssimos recursos, quase como um pintor, fazendo experiências visuais interessantes e reveladoras; e são filmes que não são exibidos, filmes de cineclube"[1].

Em texto escrito no ano da morte de Glauber, embora publicado quase dez anos depois, Bressane assim reposiciona o cinema glauberiano:

O Glauber morreu entre 1968 e 1978, com o *Di* ele saiu da sepultura e confirmou tudo n'*A Idade da Terra* que é filme que o viverá para sempre. Tendo sido o principal adversário e um dos algozes da Belair, viria a saudá-la e renovar-se a si com ela, refazendo assim o estranho paradoxo do adversário que sangra o outro para depois sagrá-lo e consagrá-lo, pois *A Idade da Terra* é Belair: câmera na mão (*cinemascope*) fora da altura do olho, jogo de foco, câmera giratória,

---

1. Glauber Rocha, "O Cinema Brasileiro" (Entrevista). In: Pedro Del Picchia e Virgínia Murano, *O Leão de Veneza*, São Paulo, Escrita, 1982.

obtenção do fotograma abstrato, os fotogramas inaproveitáveis aproveitados, os véus, ab-cenas, o infra-senso da linguagem; a câmera filma a própria equipe que filma, o "atrás da câmera", o som direto com todas as interferências *circum*-cena, claquetes, o diretor dirigindo o (in)dirigível, para-cena, dia-cena, cena ucrônica etc. etc.[2]

Vimos, no ensaio do filme de Mário Peixoto, como Glauber e Bressane se manifestaram à época do (re)lançamento do filme restaurado: Bressane, com um trabalho intrasemiótico (*A Agonia*) e com a proposição de *Limite* como "baliza" do "experimental no cinema brasileiro"; Glauber, reiterando sua avaliação de "produto de intelectual burguês decadente" mas também destacando-o como "aula revolucionária de montagem para cineastas incompetentes".

De modo que nessas interseções de falas, nesse vaivém de avaliações intrameio, com suas convergências e divergências, o campo das trocas que aí se produzem, das relações especulares, é bastante intenso. Estamos, sem dúvida, diante de três balizas constitutivas da cinematografia brasileira. De uma vertente dela: a de cineastas visionários em cujas obras uma disposição criativa, inventiva, experimental, *poética*, foi desde sempre fundante e decisiva. Trata-se de obras que se pode, efetivamente, nomear de formadoras, no sentido de criadoras de formas artísticas, de descobridoras e inventoras de sensações estéticas raras, por vezes tão extemporâneas que suas marcas, em vez da sedimentação, da decantação, reprocessam-se dinamicamente pela via de uma dispersão. Nesse sentido pode-se falar, também, de obras transformadoras cujos efeitos, descontínuos, propagam-se no tempo.

Em tais cineastas, uma potente vontade de arte encontra suporte, com reverberações duradouras na cinematografia local e para além dela. E certamente um aspecto que melhor expõe essa vontade de arte é a feitura poética de seus filmes, povoando a tela com "pensamentos nômades", abertos ao devir de novas combinatórias, novos agregados homem-máquina. São cinemas que põem em foco continuamente, portanto, uma questão inerente ao cinema moderno: "quais são as novas forças que trabalham a imagem, e os novos signos que invadem a tela?"[3]. Em função de sua consistência poética, de sua despreocupação em contar uma história (passar uma mensagem, visar um ato comunicativo) e de seu investimento numa vontade expressiva, são cinemas eminentemente investigadores e criadores de situações incomuns, inabituais, que ressaltam os estados alterados de espírito, a vida debatendo-se com forças que a impulsionam para a inércia mas também combinando-se com forças expansivas.

2. Júlio Bressane, "Da Fome, da Estética, do Amor". In: Bernardo Vorobow e Carlos Adriano (orgs.), *Júlio Bressane/Cinepoética*, São Paulo, Massao Ohno, 1995.
3. Gilles Deleuze, "Os Cristais de Tempo", *A Imagem-Tempo*, op. cit.

Ao ressaltar as novas forças que invadem o filme glauberiano, Bressane explicita parâmetros de seu próprio cinema. Mas não só de ambos, do filme de Peixoto também:

> *Limite* radicaliza esta formulação de Gance: cinema é a música da luz. Mas ainda mais: distingue e configura pela primeira vez o próprio signo cinematográfico. O signo do eu-cinema. É o seguinte: a câmera na mão sempre foi a mais perturbadora posição de câmera na "coisa" do filme, muito usada desde o nascimento do cinema, mas sempre enquadrada na altura do olho. No *Limite* dá-se uma transgressão. A câmera na mão é colocada na altura do chão. Em visionária tomada sem corte, a câmera abandona, retira de seu enquadramento, todos os elementos acessórios do filme, tais como ator, enredo, paisagem, para filmar apenas a própria luz e o movimento[4].

Portanto, num patamar menos genérico, é no âmbito da composição, dos materiais utilizados, de suas combinatórias, que tais cinemas expõem seu poder de criação e articulação de formas raras de legibilidade da imagem (o cinema enquanto "modulação" de matérias diversas). É na multiplicação dos parâmetros constitutivos da imagem (as novas forças que trabalham a imagem), é enquanto fazem proliferar séries divergentes com eles (os novos signos que invadem a tela), quando a câmera assume funções proposicionais de uma "subjetiva indireta livre" (contaminação e indiscernibilidade entre visionarismo da câmera e dos personagens), é em tal patamar que esses cinemas melhor explicitam seu poder de abalo do condicionamento de nosso mundo óptico pela postura vertical; onde melhor expõem o que é fugir de uma arte retiniana, como desmontar os pressupostos de um renitente olhar que comporia e recomporia o mundo e as coisas, lançando suas matérias nas derivas de um cérebro-espírito, nas quedas e ascensões de uma imagem que se torna pensamento, de uma imagem-pensamento.

Tomemos agora, para um último arremate, as peças dos três cineastas em foco que foram objetos dos ensaios anteriores: *Limite* (Peixoto), *A Idade da Terra* (Glauber), *Galáxia Albina* e *Galáxia Dark* (Bressane).

LIMITE

Sem jamais ter tido uma montagem definitiva, a consistência de obra aberta, inconclusa, do filme rebate sobre vários aspectos. Um, que ressaltei, foi a operação que Peixoto montou para acrescentar-lhe mais quatro seqüências, as "partes que não foram vistas no Brasil". Não bastasse a complexa aura de obra lendária na qual já estava envolta, no momento em que finalmente se fazia real, com a restauração, e atual,

---

4. Júlio Bressane, "O Experimental no Cinema Nacional", *Alguns*, Rio de Janeiro, Imago, 1996.

com a voragem de exibições que foi tendo, seu autor desdobra-lhe um novo modo de ser. Cria um filme virtual, nascido da "angústia" frente à peça truncada, e da recusa do restaurador de refazer as "cenas faltantes". Filme virtual, doravante, difícil de não ser levado em conta, pelo menos no sentido daquele "cinema de poesia" de que falava Pasolini, segundo o qual um filme é sempre dois, o filme visto e o que corre sob ele, ou, na terminologia de Bellour, o "filme película" e o "filme projeção".

Os signos inovadores que povoam a tela de *Limite* adquirem visibilidade, de partida, nas operações intra e intersemiótica que realiza com o signo cinema e com o signo fotografia.

No primeiro caso, o inserto do filme de Chaplin, é a citação já compondo o rol dos próprios materiais fílmicos, criando uma espécie de colapso do tempo, uma despersonalização. É a oportunidade de recriação na pequena cidade do interior, a partir de um recorte de gênero, do burburinho e de formas de recepção ensejadas nas salas-cafés, dando a ver um tipo de sociabilidade que ultrapassa a urbanidade do espaço que expõe.

No caso do signo fotográfico, ele compõe os materiais do filme com uma reconstituição, quase traço a traço, da foto de revista que disparou a "visão" de *Limite*. Mas reconstituição cujo sentido é lançar a simbologia nela impregnada no universo aberto e cintilante de um "mar de fogo".

Com ambos os signos, o fotográfico e o cinematográfico, o cineasta parte de uma configuração significante já codificada, estreita, das significações sígnicas dominantes de algema-grade-cadeia, para transmutá-las num horizonte mais amplo em que o limite é do tempo, do tempo em sua intangibilidade.

Nesse sentido, tal como na simbologia das algemas-grades, Peixoto também parte de simbologia ultra compacta do tempo, no caso um relógio. Mas o que faz (no filme virtual) é revirar esse tempo chapado, encurvá-lo e lançá-lo num meio aquático-marítimo, onde doravante integrará o material magmático, arqueológico, de algum recente-antigo dilúvio. Mesmo mergulho, mesma desverticalização, que pouco antes procede com o personagem masculino, cujo ato precipitará o emborcamento e destruição do barco.

Em *Limite*, como mostrei, é grande a proliferação de campos vazios e naturezas-mortas. Em ambas composições, quando todo movimento cessou e qualquer personagem deixou de povoar o quadro, embora algo a ele ainda remeta (caso da natureza-morta), é a questão radical de um "o que há para ver?" que nos empurra àquele "olho do espírito", àquele "terceiro olho", de que fala Deleuze. E que Peixoto formula de modo tão (in)atual, de forma tão contundente, com sua visão de que tais composições nos põem frente a frente com os "limites do visual". Uma imagem que nos dá de tais limites (no filme virtual) é vertiginosa: "a visão do mar no extremo final desse lá embaixo".

Curvatura da imagem que vem escavar o seu avesso! *Limite* leva ao paroxismo esses limites do visual, com sua câmera girando 360 graus e que revira o plano completamente. Pasolini falava desse "fazer que se sinta a câmera", como uma marca distintiva de um cinema de poesia na altura de 1960. Ao que Deleuze lhe retrucava: onde situar (cinema de prosa ou de poesia?) autores como Eisenstein ou Gance?

Como expôs Bressane, na mão, fora da altura do olho, na altura do chão ou dando cambalhotas no alto de uma montanha, a câmera de *Limite* é pura transgressão: "Ângulos inusitados para as novas emoções!"

A IDADE DA TERRA

Glauber fala de seu filme como "um corpo novo, um objeto não-identificado", que nele trata-se de "novas visões, captações até metafísicas que marcam uma revolução na minha obra". Diz que "é um filme que o espectador deverá assistir como se estivesse numa cama, numa festa, numa greve ou numa revolução. É um novo cinema, antiliterário e metateatral, que será gozado, e não visto e ouvido, como o cinema que circula por aí"[5].

A Idade da Terra se posiciona, como queria o cineasta, no final de uma octologia, e, inesperadamente, de uma obra. Octologia que se de fato é "da terra" (compõem o conjunto dos Roteiros do Terceyro Mundo) o é também enquanto a diagrama como um não-lugar. Como mostrei no ensaio a ele dedicado, o filme resultou de um primeiro tratamento ("Anabaziz – O Primeiro Dia do Novo Século") cujas linhas de força compunham um diagrama espaço-temporal bastante estilhaçado. Condensando tal diagrama numa espécie de estratografia, hiperlabiríntica, das três capitais brasileiras, com isso o cineasta nos dá um painel amplo e corrosivo de processos de transformação das culturas locais, sob múltiplas temporalidades, e de formas de conexões que mantêm com a esfera global. Traça, assim, um quadro geral arqueogenealógico que engloba tudo numa idade da Terra.

Por sobre toda uma fragmentação persistente (como diz a voz *off* de Glauber, um "anarcoconstrutivismo"), das linhas de forças em processo acabam-se compondo estratos onde cada capital vem se infletir: um construtivismo de Brasília, um republicanismo do Rio de Janeiro, um espiritualismo de Salvador. A teia que se forma com tais estratos é bastante espessa, resultado de um vaivém em que a câmera, fazendo se sentir sob os mais diversos modos, baila ininterruptamente, muitas

---

5. Sidney Rezende (org.), "Seu Filmes", *Ideário de Glauber Rocha*, Rio de Janeiro, Philobiblion, 1986.

vezes quase como se estivesse aderida às circunvoluções carnavalescas que tanto mostra.

Salvo a utilização de uma TV fora do ar, compondo o fundo para uma pantomima do Diabo com caveira e do Cristo-Índio com um globo terrestre em chamas, nenhum outro meio visual estranho ao corpo do filme é aqui introduzido. Os colapsos do tempo, as flutuações dos pontos de vista, os deslocamentos multidirecionais, dão-se substancialmente através dos cortes secos que nos lançam de um espaço a outro, de um tempo a outro, numa espécie de vertigem caleidoscópica.

Nesse sentido, o filme é todo composto por blocos de cenas (blocos de sensações como nunca se viu no cinema glauberiano), destacando-se como procedimento aquele traço a que Pasolini se referia como "intermináveis paragens sobre uma mesma imagem", aqui acrescidas de intermináveis reiterações de um mesmo discurso (às vezes cinco ou seis vezes, no caso das falas do Cristo-Militar). É assim que, conforme os aspectos postos em relevo por Bressane, Glauber compõe blocos paracênicos (o vaivém entre as três capitais, com uma autonomia de vôo que embaralha tudo que é coordenada); blocos diacênicos (os múltiplos devires do Cristo Índio, ora num ritual tribal no meio da floresta, ora perseguido pelo Diabo na praia, ora operário de construção); blocos *circum*-cênicos (o Cristo-Militar discursando na Cinelândia, cercado de transeuntes); blocos ucrônicos (a longa cena de abertura, descrita no roteiro como: "Amanhecer. O sol aparece lentamente, iluminando a Terra deserta").

Os rituais corporais, os corpos em preparação e passagem para uma cerimônia, sua transmutação em "corpo cerimonial", são alvos de um forte investimento: o ritual tribal com a Rainha das Amazonas, sua dança dos véus com as freiras, o Diabo caracterizado de conquistador ibérico, a mulher de Brahms se maquilando na Cinelândia, o Cristo-Guerrilheiro sendo preparado por Glauber (a tinta vermelha jogada sobre sua roupa).

Mas essa dimensão cerimonial do corpo ganha uma visibilidade enorme com o Cristo-Negro. O ator Pitanga a princípio surge num vestuário cotidiano (na entrevista com o jornalista), depois seu corpo vai se revestindo de tamanha indumentária, como se através dele se repassasse todo um diagrama multirreligioso do filme (o cristianismo como "uma religião vinda dos povos africanos, asiáticos, europeus, latino-americanos, os povos totais"). Finalmente, totalmente despido, do alto de uma árvore ele desce e corre pelo cerrado (com um helicóptero que atravessa a cena). Aqui, uma potente e fulgurante imagem de um instante mítico em que a postura vertical humana adquire seu privilégio, para depois inclinar-se inteiramente e rastejar sobre o chão ("Eu te quero, nudez! Vem a mim", diz para a prostituta).

Com essa configuração de perspectivas, a aérea do helicóptero, a binocular desde a árvore, a monocular do homem de pé, a horizontal dele estendido no chão, é todo um campo visual que cede numa série de estratificações que repassam uma espécie de história do olho. História de suas várias idades, das inúmeras funções de que se revestiu no mundo vivo.

Esse investimento num corpo cerimonial tem por alvo, muitas vezes, uma colocação das falas, das vozes e suas modulações. Elas adquirem, com isso, uma espessura que as subtraí inteiramente de sua função empírica, cotidiana, de falas dialógico-comunicacionais. É assim que assumem a consistência da palavra poética, do ato de fala expressivo, do ato de fabulação. O esforço e trabalho minucioso de Glauber são grandes nesse sentido, já que parte de campo minado, saturado de significações unidirecionadas, sobretudo, para esse Cristo que ele se empenha a todo custo em quadripartir. Acaba, efetivamente, extraindo daí um grande ato de fabulação que tem a feição de um *anabatismo* (o novo batismo de um Cristo crucificado que se transmuta em ressuscitado, em Cristo redentor).

Enfim, na medida em que se "expressa audiovisualmente, sem diálogos narrativos", com uma câmera cujas inquietações e mobilidade não param de enviar dados para uma tela transformada em mesa de informação, é possível que diante do filme o espectador reaja mesmo "como se estivesse numa cama, numa festa, numa greve, ou numa revolução". Movimentos giratórios (revoluções) das imagens é o que aí não faltam.

GALÁXIA ALBINA E *GALÁXIA DARK*

Das galáxias bressaneanas pode-se dizer que são como que telas mosaicadas que compõem "visões" com pedaços, os mais heteróclitos, de imagens.

Se em Peixoto uma operação intra e intersemiótica ganha visibilidade intensa mas rarefeita (trecho de um filme, reconstituição de uma foto), se em Glauber ela se virtualiza completamente numa grande "subjetiva indireta livre", em que se perde de vista se a visão é da câmera ou dos personagens, com esses vídeos de Bressane tem-se a sensação de que neles toda imagem se constitui como forma e fundo para outra imagem. Ou seja, aqui se está diante de uma verdadeira voragem inter e multimeios.

A princípio poder-se-ia pensar que isso se deve ao suporte vídeo, à imagem-vídeo bastante marcada, desde seus inícios, pelas trocas intensas com outras imagens. Mas no caso de Bressane, como mostrei no ensaio de seus dois vídeos, tais operações sempre estiveram presentes em seu itinerário criativo. Da fotografia à televisão, do cinema ao vídeo, da literatura à pintura, da música à mano-escritura, suas imagens sempre tiveram uma consistência meio palimpséstica, sempre expuseram a espessura do quadro feito sobre quadro, por vezes a do afresco do qual se tivessem desprendido pedaços inteiros.

Nesses vídeos a proliferação de "janelas" é enorme, janelas que se abrem para o cinema (o mais requisitado), para a fotografia (seja como foto em si incorporada, seja como procedimento de composição), para a televisão (busca da interação e truncamento dela), para o vídeo (imagem da imagem que reenvia ao cinema) etc. etc.

Mas tamanha multiplicidade de referências, tamanha fricção entre-imagens, opera de um modo bastante diferente das correntes videográficas que se utilizam, às vezes à exaustão, dos recursos de edição e processamento digital das imagens. O quadro videográfico de Bressane, nesse sentido, é bastante rarefeito. Ele não opera com múltiplas janelas abertas num mesmo quadro, numa configuração simultaneísta de feição cubista. Seu hibridismo espaço-temporal (diversas imagens, vozes, textos) é de outra natureza[6].

É sempre o fragmento inteiro de uma peça apropriada que invade a tela, seja por corte seco ou por fusão de imagens, aí permanecendo numa duração que é: de ampliação das circunstâncias de um ato de fala (o inserto do vídeo de Leminsky), de "escuta" das vibrações provenientes de uma imagem (inserto de *Macbeth*), de interpenetração de fluxos entre imagens (inserto de *Moby Dick*), de cessão de algo de uma a outra imagem (inserto de *Alphaville*), de excitação frente ao ícone pop (filme televisivo de Elvis), de suplemento ao sonho-pesadelo (insertos de *À Meia-Noite Levarei sua Alma*) etc.

Tal duração da citação, portanto, está implicada num trabalho tradutório que constitui a base dessas apropriações. Trabalho tradutório que aí ascende inteiramente à superfície do quadro, expondo suas nervuras, suas oscilações, idas e vindas, dando a ver o próprio ato de constituição de um roteiro das imagens, precipitando um roteiro em ato na "voz-olho".

A noção haroldiana de um "olho metódico", com afirmei, encontra sua condição de possiblidade além-aquém dele mesmo, no denso trabalho de elaboração conceitual-imagético que o cineasta há tempo realiza. De tal modo que quando ascendem à tela, suas imagens parecem provir de alguma região ciclópica onde se aloja o olho do espírito, um terceiro olho. Aí, é toda uma logística da criação artística, do ato de criação enquanto ato experimental que se atualiza para de novo se virtualizar num estado de invenção.

Feitos numa pausa entre dois momentos da atividade cinematográfica local, os vídeos *Galáxia Albina* e *Galáxia Dark*, como foi desde sempre com o trabalho do cineasta ("filmando com pouquíssimos recursos, quase como um pintor, fazendo experiências visuais interes-

---

6. Arlindo Machado, "Formas Expressivas da Contemporaneidade", *op. cit.*

santes e reveladoras", é o mínimo que Glauber pode dizer), dão-nos a (des)medida do que é tirar leite da pedra.

Com a morte de Glauber em 1981 e a de Peixoto em 1992, da tríade Bressane é o único que permanece vivo e atuante. Talvez por isso, por poder vir acompanhando atentamente os novos processos com as imagens, as transformações que as poéticas eletrônicas vêm inserindo nesse domínio, sua proposição a esse respeito encete uma avaliação diferente da de Glauber, tal como se pode observar nas duas epígrafes.

O contexto da fala de Glauber ainda se prende ao temor da concorrência com a televisão ("para concorrer com a tela da televisão, o prazer de ir a uma sessão de cinema deverá ser produzido por outros fatores"), um certo resquício da questão da morte do cinema frente aos novos meios emergentes. Mas do começo dos anos de 1980 ao início dos de 1990, um período *formativo* das estéticas videográficas, em que a noção de "vídeo independente" remete às rupturas operadas frente às significações dominantes da televisão vigente, um lastro de combinatórias, arranjos, composições e recomposições intermeios se operou[7].

Nesse sentido, a lógica da proposição bressaneana é somatória e não exclusivista. E o é não por pura estratégia mercadológica e de sobrevivência de um meio. A se levar em conta suas últimas criações cinematográficas, após os vídeos que aqui serviram de foco de análise (os filmes *O Mandarim* [1995], *Miramar* [1997], *São Jerônimo* [1999] e o recente *Dias de Nietzsche em Turim* [2001]), é impossível aí auscultar qualquer temor em relação ao fim do cinema.

De modo que voltar da "realidade virtual eletrônica" aos "primeiros rituais sensíveis de expressão artística", além de ser algo que reverbera, de fato, na consistência híbrida do campo imagético atual, é um modo também de atinar para a consistência da temporalidade que nos atravessa: uma co-extensibilidade de presente e passado, de atual e virtual, de ser e devir. Tempo crônico e não cronológico, em que a nossa relação com a tecnologia há muito perdeu a inocência. No caso da esfera artística, enfim, sem uma boa dose de arte, de uma poderosa vontade de arte que nos impulsione (um fim), as novas tecnologias da imagem não passam de potentes meios desperdiçados.

---

7. Arlindo Machado, "A Experiência do Vídeo no Brasil", *Máquina e Imaginário: O Desafio das Poéticas Tecnológicas*, 2ª ed., São Paulo, Edusp, 1996.

Bibliografia

REFERÊNCIAS BIBLIOGRÁFICAS

ARENDT, Hannah. *Crises da República*. São Paulo, Perspectiva, 1973.
ARTAUD, Antonin. *El Cine*. Madrid, Alianza Editorial, 1982.
_____. *O Teatro e Seu Duplo*. São Paulo, Max Limonad, 1984.
AUMONT, Jacques *et al*. *A Estética do Filme*. Campinas, Papirus, 1995.
BELLOUR, Raymond. *Entre-Imagens: Foto, Cinema, Vídeo*. Campinas, Papirus, 1997.
BENTES, Ivana (org.). *Glauber Rocha: Cartas ao Mundo*. São Paulo, Companhia das Letras, 1997.
BERNARDET, Jean-Claude. *O Vôo dos Anjos: Bressane, Sganzerla/Estudos Sobre a Criação Cinematográfica*. São Paulo, Brasiliense, 1991.
BRESSANE, Júlio. *Alguns*. Rio de Janeiro, Imago, 1996.
CAMPOS, Haroldo de. *Galáxias*. São Paulo, Ex Libris, 1984.
COLOMBRES, Adolfo (org.). *Cine, Antropología y Colonialismo*. Buenos Aires, Ediciones Del Sol, 1985.
COMTE, Auguste. *Comte*. Col. Os Pensadores. São Paulo, Abril Cultural, 1978.
DELEUZE, Gilles. *A Imagem-Movimento*. São Paulo, Brasiliense, 1985.
_____. *A Imagem-Tempo*. São Paulo, Brasiliense, 1990.
_____. *Conversações (1972-1990)*. Rio de Janeiro, Ed. 34, 1992.
DELEUZE, Gilles & FÉLIX, Guatarri. *O Que É Filosofia?* Rio de Janeiro, Ed. 34, 1992.
DEL PICCHIA, Pedro & MURANO, Virgínia. *O Leão de Veneza*. São Paulo, Escrita, 1982.
DIAS, Sousa. *Lógica do Acontecimento – Deleuze e a Filosofia*. Lisboa, Afrontamento, 1995.

DUBOIS, Phillipe. *O Ato Fotográfico*. Campinas, Papirus, 1994.
FAVARETTO, Celso. *A Invenção de Hélio Oiticica*. São Paulo, Edusp, 1992.
FERREIRA, Aurélio Buarque de Hollanda. *Novo Dicionário da Língua Portuguesa*. Rio de Janeiro, Nova Fronteira, 15ª edição.
FERREIRA, Jairo. *Cinema de Invenção*. São Paulo, Max Limonard-Embrafilme, 1986.
FOUCAULT, Michel. *As Palavras e as Coisas: Uma Arqueologia das Ciências Humanas*. São Paulo, Martins Fontes, 2ª edição, 1981.
GUBERN, Ruben. *Godard Polêmico*. Barcelona, Tusquets, 1969.
HAWTHORN, Geoffrey. *Iluminismo e Desespero: Uma História da Sociologia*. Rio de Janeiro, Paz e Terra, 1982.
LEAMING, Bárbara. *Orson Welles: Uma Biografia*. Porto Alegre, L&PM, 1987.
LÉVI-STRAUSS, Claude. *O Olhar Distanciado*. Lisboa, Edições 70, 1986.
LEVY, Pierre. *O Que É o Virtual?* São Paulo, Ed. 34, 1996.
LYRA, Maria Bernadete Cunha. *A Nave Extraviada*. São Paulo, Annablume, 1995.
MACHADO, Arlindo. *Pré-Cinemas & Pós-Cinemas*. Campinas, Papirus, 1997.
_____. *Máquina e Imaginário: O Desafio das Poéticas Tecnológicas*. São Paulo, Edusp, 2ª edição, 1996.
MELLO, Saulo Pereira de. *Limite, Filme de Mário Peixoto*. Rio de Janeiro, Funarte-Inelivro, 1978.
_____. *Limite*. Rio de Janeiro, Rocco, 1996.
_____. *Limite: "Scenario" Original/Mário Peixoto*. Rio de Janeiro, Sette Letras-Arquivo Mário Peixoto, 1996.
OITICICA, Hélio. *Aspiro ao Grande Labirinto*. Rio de Janeiro, Rocco, 1986.
PASOLINI, Pier Paolo. *Empirismo Herege*. Lisboa, Assírio & Alvim, 1982.
PEIXOTO, Mário. *A Alma, Segundo Salustre*. Rio de Janeiro, Embrafilme-DAC, 1983.
RAMOS, Fernão Pessoa. *Cinema Marginal (1968-1973): A Representação no Seu Limite*. São Paulo, Brasiliense, 1987.
REZENDE, Sidney (org.). *Ideário de Glauber*. Rio de Janeiro, Philobiblion, 1986.
ROCHA, Glauber. *Revisão Crítica do Cinema Brasileiro*. Rio de Janeiro, Civilização Brasileira, 1963.
SALEM, Helena. *90 Anos de Cinema – Uma Aventura Brasileira*. Rio de Janeiro, Nova Fronteira, 1988.
SCHWARZ, Roberto. *O Pai de Família e Outros Estudos*. Rio de Janeiro, Paz e Terra, 1978.
_____. *Ao Vencedor as Batatas: Forma Literária e Processo Social nos Inícios do Romance Brasileiro*. São Paulo, Duas Cidades, 2ª edição, 1981.
_____. *Um Mestre na Periferia do Capitalismo: Machado de Assis*. São Paulo, Duas Cidades, 1990.
SENNA, Orlando (org.). *Glauber Rocha: Roteiros do Terceyro Mundo*. Rio de Janeiro, Alhambra-Embrafilme, 1985.
TRUFFAUT, François. *Hitchcock/Truffaut: Entrevistas*. São Paulo, Brasiliense, 1986.
VIANY, Alex. *Introdução ao Cinema Brasileiro*. Rio de Janeiro, Instituto Nacional do Livro, 1959.
VIRILIO, Paul. *O Espaço Crítico*. Rio de Janeiro, Ed. 34, 1993.
_____. a *Inércia Polar*. Lisboa, Dom Quixote, 1993.

_____. a *Máquina de Visão*. Rio de Janeiro, José Olympio, 1994.
VIRILIO, Paul & LOTRINGER, S. *Guerra Pura: a Militarização do Cotidiano*. São Paulo, Brasiliense, 1984.
VOROBOW, Bernardo & ADRIANO, Carlos (orgs.). *Júlio Bressane: Cinepoética*. São Paulo, Massao Ohno, 1995.
XAVIER, Ismail. *Sertão-Mar: Glauber Rocha e a Estética da Fome*. São Paulo, Brasiliense, 1983.
_____. *Alegorias do Subdesenvolvimento: Cinema Novo, Tropicalismo, Cinema Marginal*. São Paulo, Brasiliense, 1993.

ARTIGOS, ENSAIOS E PERIÓDICOS

AMENGUAL, Barthélémy. "Glauber Rocha ou os Caminhos da Liberdade". In: Vários autores. *Glauber Rocha*. Rio de Janeiro, Paz e Terra, 1977.
AVERBUG, Samuel. "A Utopia do Novo Kryzto". Revista *Cinemais*, n. 3, Rio de Janeiro, jan.-fev. de 1997.
BRESSANE, Júlio. "Júlio Bressane: a Rapidez do Cinema Jovem" (depoimento). *Jornal do Brasil*, 08.03.1970.
_____. "Da Fome, da Estética, do Amor". In: VOROBOW, Bernardo & ADRIANO, Carlos (orgs.). *Júlio Bressane: Cinepoética*. São Paulo, Massao Ohno, 1995.
CAMPOS, Haroldo de. "De Babel a Pentecostes". *Série Linguagem*, n. 03, São Paulo, Lovise, 1998.
_____. "Heliotapes/Haroldo de Campos e Hélio Oiticica". In: VOROBOW, Bernardo & ADRIANO, Carlos (orgs.). *Júlio Bressane: Cinepoética*. São Paulo, Massao Ohno, 1995.
_____. "Vieira / Venera / Vênus". In: VOROBOW, Bernardo & ADRIANO, Carlos (orgs.). *Op. cit.*
CARDOSO, Ivan. "Júlio Bressane Matou a Família e Foi ao Cinema" (entrevista). Revista *Interview*, n. 88, São Paulo, 1985.
Folheto Promocional da *Embrafilme*. "50 Anos de Limite – 1931-1981". Hemeroteca Cinemateca Brasileira, D471/1.
MELLO, Saulo Pereira de. "Breve Esboço de Uma Cinebiografia de Mário Peixoto". Rio de Janeiro, MinC-Casa de Rui Barbosa, 1996.
NAZÁRIO, Luiz. "No Masp, o Cinema de Bressane" (depoimento). *Folha de São Paulo*, 11.11.1985.
OITICICA, Hélio. "Brasil Diarréia". In: BRITO, Ronaldo & FILHO, P. Venâncio (orgs.). *O Moderno e o Contemporâneo (o Novo e o Outro Novo)*. Rio de Janeiro, Funarte, 1980.
_____. "Experimentar o Experimental". *Arte em Revista*, n. 05, São Paulo, Kairós, 1980.
Revista *Cine Olho*, n. 5-6, São Paulo, jun.-jul.-ago. de 1979.
Revista *Veja*, 11.04.1973. "Mito Restaurado". Hemeroteca Cinemateca Brasileira, 595.
ROCHA, Glauber. *"Limite"*. *Folha de São Paulo*, 03.06.1978. Hemeroteca Cinemateca Brasileira, 595/15.
_____. "Anabaziz – O Primeiro Dia do Novo Século". In: SENNA, Orlando (org.). *Roteiros do Terceyro Mundo*. Rio de Janeiro, alhambra-Embrafilme, 1985.

ROCHA, Plínio Sussekind. "Mário Peixoto e *Limite*". Hemeroteca Cinemateca Brasileira, D471/5.
SARNO, Geraldo & AVELLAR, Carlos. "Conversa com Júlio Bressane/*Miramar*, *Vidas Secas* e o Cinema no Vazio do Texto". Revista *Cinemais*, n. 06, Rio de Janeiro, jul.-ago. de 1997.
SCHILLER, Beatriz. "O Impacto de *Limite* nos USA". *Jornal do Brasil*, 02.05.1979. Hemeroteca Cinemateca Brasileira, D595/23.
TEIXEIRA, Francisco Elinaldo. "Da Estação Primeira de Mangueira à Documenta de Kassel: Hélio Oiticica nas Redes do Virtual". *Percurso*, Revista de Psicanálise, ano XII, n. 23, São Paulo, segundo semestre de 1999.
THOMAS, Gerald. "Orfeu e Diegues Merecem Homenagem Hoje". *Folha de São Paulo*, 15.02.2000.
VERTOV, Dziga. "El 'cine-ojo' y el 'cine-verdad'". In: RAMIÓ, J. R. & THEVENET, H. A. (orgs.). *Fuentes y Documentos del Cine/La Estética, las Escuelas y los Movimientos*. Barcelona, Fontamara, 1985.

FONTES INÉDITAS

PEIXOTO, Mario. "*Limite* (partes que não foram vistas no Brasil)". Hemeroteca Cinemateca Brasileira, 595/33 (datilografado).
RAMOS, Fernão Pessoa. "Teoria do Cinema Hoje: Perspectivas". Comunicação apresentada na mesa "Teoria do Cinema Contemporâneo", no I Encontro anual da Sociedade Brasileira de Estudos de Cinema (SOCINE), São Paulo, 06 a 08 de nov. de 1997.
TEIXEIRA, Francisco Elinaldo. *O Cineasta Celerado: A Arte de Se Ver Fora de Si no Cinema Poético de Júlio Bresane*. Tese de doutorado, FFLCH-USP, 1995.
_____. a *Idade Nuclear: Uma Odisséia Pelos Confins da Natureza Cibernética*. Dissertação de mestrado, FFLCH-USP, 1989.

FICHAS TÉCNICAS DOS FILMES E VÍDEOS ANALISADOS

Limite

Rio de Janeiro, 1931, p&b.
Direção, argumento, roteiro, produção, montagem: Mário Peixoto.
Fotografia/câmera: Edgar Brazil.
Assistente de realização: Rui Costa.
Trilha musical de Brutus Pedreira: Satie, Debussy, Borodin, Ravel, Stravinsky, César Franck, Prokofieff.
Elenco: Olga Breno, Taciana Rei, Brutus Pedreira, Mário Peixoto, Edgar Brazil.
Distribuição: Embrafilme.

A Idade da Terra

Rio de Janeiro, 1980, cor, 153 minutos.
Direção, argumento, roteiro: Glauber Rocha.

Fotografia/câmera: Roberto Pires, Pedro Moraes, Roque Araújo.
Cenografia: Paula Gaetan, Raul William.
Som: Sílvia de Alencar, Jorge Saldanha, Roberto Leite, Onélio Motta.
Montagem: Carlos Cavalvante Cox, Raul Soares, Ricardo Miranda.
Direção musical: Rogério Duarte (fragmentos de Villa-Lobos, Jorge Ben, Jamelão, Naná e Mozart).
Assistentes de direção: Carlos Alberto Caetano e Tizuka Yamasaki.
Produção: Kim Andrade.
Elenco: Maurício do Valle (John Brahms), Jece Valadão (Cristo Índio), Antonio Pitanga (Cristo Negro), Tarcísio Meira (Cristo Militar), Geraldo d'El Rey (Cristo Guerrilheiro), Ana Maria Magalhães (Aurora Madalena), Norma Bengell (Rainha das amazonas), Danuza Leão (Mulher de Brahms), Carlos Petrovitch (o Diabo), Mário Gusmão (Babalaô), Glória X (Prostituta), Laura Y (Mulher Morena), Paloma Rocha (Jovem Mulher).
Participações especiais de: Carlos Castello Branco, João Ubaldo Ribeiro, Raul de Xangô, Tetê Catalão, Paula Gaetan, Ary Paranhos.
Distribuição: Embrafilme.

Galáxia Albina

São Paulo, 1992, betacam, color e p&b, 40 minutos.
Direção: Júlio Bressane e Haroldo de Campos.
Roteiro: Júlio Bressane e Haroldo de Campos.
Produção: Vídeo Track e Júlio Bressane.
Fotografia: Gil Hungria.
Câmera e montagem: Júlio Bressane e Cássio Maradei.
Edição: Cássio Maradei.
Trilha sonora: Júlio Bressane.
Música: Lívio Tragtenberg.
Som: Luiz Tadeu Correia.
Assistente de direção: Rosa Dias.
Elenco: Giulia Gam, Bete Coelho, Haroldo de Campos, Júlio Bressane, Tânia Nomura, Lígia Feliciano.

Ifernalário: Logodédalo-Galáxia Dark

São Paulo, 1993, betacam, color e p&b, 40 minutos.
Direção: Júlio Bressane.
Roteiro: Júlio Bressane e Haroldo de Campos.
Produção: Vídeo Track e Júlio Bressane.
Fotografia: José Renato Mannis e Gil Hungria.
Câmera: Júlio Bressane e Cássio Maradei.
Edição: Júlio Bressane e Cássio Maradei.
Trilha sonora: Júlio Bressane.
Cítara: Alberto Marsicano.
Som: Luiz Tadeu Correia.
Assistente de direção: Rosa Dias.
Elenco: Bete Coelho, Mariana de Moraes, Stella Marini.

CINEMA NA PERSPECTIVA

A Significação no Cinema – Christian Metz (D054)
A Bela Época do Cinema Brasileiro – Vicente de Paula Araújo (D116)
Linguagem e Cinema –Christian Metz (D123)
Sétima Arte: Um Culto Moderno – Ismail Xavier (D142)
Práxis do Cinema – Noel Burch (D149)
Salões, Circos e Cinemas de São Paulo – Vicente de Paula Araújo (D163)
Um Jato na Contramão – Eduardo Peñuela Cañizal (Org.) (D262)
Na Cinelândia Paulistana – Anatol Rosenfeld (D282)
Cinema, Arte & Indústria – Anatol Rosenfeld (D288)
Alex Viany: Crítico e Historiador – Arthur Autran (D290)
Som-Imagem no Cinema – Luiz Adelmo F. Manzano (D293)
Humberto Mauro, Cataguases, Cinearte – Paulo Emílio Salles Gomes (E022)
A Imagem Autônoma – Evaldo Coutinho (E147)
O Terceiro Olho – Francisco E. Teixeira (E199)